# は　じ　め　に

　技能検定は、労働者の有する技能を一定の基準によって検定し、これを公証する国家検定制度であり、技能に対する社会一般の評価を高め、働く人々の技能と地位の向上を図ることを目的として、職業能力開発促進法に基づいて 1959 年（昭和 34 年）から実施されています。

　当研究会では、1975 年（昭和 50 年）から技能検定試験受検者の学習に資するため、過去に出題された学科試験問題（1・2 級）に解説を付して、「学科試験問題解説集」を発行しております。

　このたびさらに、平成 29・30・令和元年度に出題された学科試験問題、ならびに令和元年度の実技試験問題（計画立案等作業試験は平成 29・30・令和元年度を収録）を「技能検定試験問題集（正解表付き）」として発行することになりました。

　本問題集が 1 級・2 級の技能士を目指して技能検定試験を受検される多くの方々にご利用いただき、大きな成果が上がることを祈念いたします。

令和 2 年 9 月

一般社団法人 雇用問題研究会

# 目　　次

# 技 能 検 定 の 概 要

## 1 技能検定試験の等級区分

技能検定試験は合格に必要な技能の程度を等級ごとに次のとおりに区分しています。

特　　級：検定職種ごとの管理者又は監督者が通常有すべき技能及びこれに関する知
　　　　　識の程度

1　　級：検定職種ごとの上級の技能労働者が通常有すべき技能及びこれに関する知
　　　　　識の程度

2　　級：検定職種ごとの中級の技能労働者が通常有すべき技能及びこれに関する知
　　　　　識の程度

3　　級：検定職種ごとの初級の技能労働者が通常有すべき技能及びこれに関する知
　　　　　識の程度

単一等級：検定職種ごとの上級の技能労働者が通常有すべき技能及びこれに関する知
　　　　　識の程度

※これらの他に外国人実習生等を対象とした基礎級があります。

## 2 検定試験の基準

技能検定は、実技試験及び学科試験によって行われています。

実技試験は、実際に作業などを行わせて、その技量の程度を検定する試験であり、学
科試験は、技能の裏付けとなる知識について行う試験です。

実技試験及び学科試験は、検定職種の等級ごとに、それぞれの試験科目及びその範囲
が職業能力開発促進法施行規則により、また、その具体的な細目が厚生労働省職業能力
開発局長通達により定められています。

(1) 実技試験

　　実技試験は、実際に作業（物の製作、組立て、調整など）を行わせて試験する、
製作等作業試験が中心となっており、検定職種の大部分のものについては、その課
題が試験日に先立って公表されています。

　　試験時間は、1級、2級及び単一等級については原則として5時間以内、3級に
ついては3時間以内が標準となっています。

　　また、検定職種によっては、製作等作業試験の他、実際的な能力を試験するため、
次のような判断等試験又は計画立案等作業試験が併用されることがあります。

① 判断等試験

　　判断等試験は、製作等作業試験のみでは技能評価が困難な場合又は検定職種の性格や試験実施技術等の事情により製作等作業試験の実施が困難な場合に用いられるもので、例えば技能者として体得していなければならない基本的な技能について、原材料、模型、写真などを受検者に提示し、判別、判断などを行わせ、その技能を評価する試験です。

② 計画立案等作業試験

　　製作等作業試験、判断等試験の一方又は双方でも技能評価が不足する場合に用いられるもので、現場における実際的、応用的な課題を、表、グラフ、文章などにより設問したものを受検者に提示し、計算、計画立案、予測などを行わせることにより技能の程度を評価する試験です。

(2) 学科試験

　　学科試験は、単に学問的な知識を試験するものではなく、作業の遂行に必要な正しい判断力及び知識の有無を判定することに主眼がおかれています。また、それぞれの等級における試験の概要は次表のとおりです。

　　この中で、真偽法は一つの問題文の正誤を回答する形式であり、五肢択一法及び四肢択一法は一つの問題文について複数の選択肢の中から一つを選択して回答する形式です。

　　■学科試験の概要

| 等級区分 | 試験の形式 | 問題数 | 試験時間 |
|---|---|---|---|
| 特　　級 | 五肢択一法 | 50題 | 2時間 |
| 1　　級 | 真偽法及び四肢択一法 | 50題 | 1時間40分 |
| 2　　級 | 真偽法及び四肢択一法 | 50題 | 1時間40分 |
| 3　　級 | 真偽法 | 30題 | 1時間 |
| 単一等級 | 真偽法及び四肢択一法 | 50題 | 1時間40分 |

## 3　技能検定の受検資格

　　技能検定を受検するには、原則として検定職種に関する実務の経験が必要で、その年数は職業訓練歴、学歴等により異なっています（別表1参照）。

　　この実務の経験の範囲には、現場での作業のみならず管理、監督、訓練、教育及び研究の業務や訓練又は教育を受けた期間が含まれます。

## 4 試験の実施日程

技能検定試験は職種ごとに前期、後期に分かれていますが、日程の概要は次のとおりです。

| 項 | 前　期 | 後　期 |
|---|---|---|
| 受付期間 | 4月上旬～中旬 | 10月上旬～中旬 |
| 実技試験 | 6月上旬～9月上旬 | 12月上旬～翌年2月中旬 |
| 学科試験 | 8月下旬～9月上旬の日曜日<br>3級は7月中旬～下旬の日曜日 | 翌年1月下旬～2月上旬の日曜日 |
| 合格発表 | 10月上旬、3級は8月下旬 | 翌年3月中旬 |

※日程の詳細については都道府県職業能力開発協会(連絡先等は別表2参照)にお問い合わせ下さい。

## 5 技能検定の実施体制

技能検定は厚生労働大臣が定めた、実施計画に基づいて行うものですが、その実施業務は、厚生労働大臣、都道府県知事、中央職業能力開発協会、都道府県職業能力開発協会等の間で分担されており、受検の受付及び試験の実施については、都道府県職業能力開発協会が行っています。

## 6 技能検定試験受検手数料

技能検定試験の受検手数料は「実技試験：18,200円」及び「学科試験：3,100円」を標準額として、職種ごとに各都道府県で決定しています（令和2年4月1日現在、都道府県知事が実施する111職種）。

なお、35歳未満の方は、2級又は3級の実技試験の受検手数料が最大9,000円減額されます。詳しくは都道府県職業能力開発協会にお問い合わせ下さい。

## 7 技能検定の合格者

技能検定の合格者には、厚生労働大臣名（特級、1級、単一等級）又は都道府県知事名等（2級、3級）の合格証明が交付され、技能士と称することができます。

別表1　　　　　**技能検定の受検に必要な実務経験年数一覧**

（都道府県知事が実施する検定職種）

（単位：年）

| 受　検　対　象　者（※1） | 特級 1級合格後 | 1級 | 1級 2級合格後 | 1級 3級合格後 | 2級 3級合格後 | 3級 （※7） | 基礎級 （※7） | 単一等級 |
|---|---|---|---|---|---|---|---|---|
| 実務経験のみ | | 7 | | | 2 | 0 ※8 | 0 ※8 | 3 |
| 専門高校卒業 ※2 ／ 専修学校（大学入学資格付与課程に限る）卒業 | | 6 | | | 0 | 0 | 0 | 1 |
| 短大・高専・高校専攻科卒業 ※2 ／ 専門職大学前期課程修了 ／ 専修学校（大学編入資格付与課程に限る）卒業 | | 5 | | | 0 | 0 | 0 | 0 |
| 大学卒業（専門職大学前期課程修了者を除く）※2 ／ 専修学校（大学院入学資格付与課程に限る）卒業 | | 4 | | | 0 | 0 | 0 | 0 |
| 専修学校 ※3 又は各種学校卒業（厚生労働大臣が指定したものに限る。）　800時間以上 | 5 | 6 | 2 | 4 | 0 | 0 ※9 | 0 ※9 | 1 |
| 〃　1600時間以上 | | 5 | | | 0 | 0 ※9 | 0 ※9 | 1 |
| 〃　3200時間以上 | | 4 | | | 0 | 0 ※9 | 0 ※9 | 1 |
| 短期課程の普通職業訓練修了 ※4 ※10　700時間以上 | | 6 | | | 0 | 0 ※6 | 0 ※6 | 1 |
| 普通課程の普通職業訓練修了 ※4 ※10　2800時間未満 | | 5 | | | 0 | 0 | 0 | 0 |
| 〃　2800時間以上 | | 4 | | | 0 | 0 | 0 | 0 |
| 専門課程又は特定専門課程の高度職業訓練修了 ※4 ※10 | | 3 | 1 | 2 | 0 | 0 | 0 | 0 |
| 応用課程又は特定応用課程の高度職業訓練修了 ※10 | | 1 | | | 0 | 0 | 0 | 0 |
| 長期課程又は短期養成課程の指導員訓練修了 ※10 | | 1 ※5 | | | 0 ※5 | 0 | 0 | 0 |
| 職業訓練指導員免許取得 | | 1 | | | 0 | 0 | 0 | 0 |
| 長期養成課程の指導員訓練修了 ※10 | | 0 | | | 0 | 0 | 0 | 0 |

※1：検定職種に関する学科、訓練科又は免許職種に限る。

※2：学校教育法による大学、短期大学又は高等学校と同等以上と認められる外国の学校又は他法令学校を卒業した者並びに独立行政法人大学改革支援・学位授与機構により学士の学位を授与された者は学校教育法に基づくそれぞれのものに準ずる。

※3：大学入学資格付与課程、大学編入資格付与課程及び大学院入学資格付与課程の専修学校を除く。

※4：職業訓練法の一部を改正する法律（昭和53年法律第40号）の施行前に、改正前の職業訓練法に基づく高等訓練課程又は特別高等訓練課程の養成訓練を修了した者は、それぞれ改正後の職業能力開発促進法に基づく普通課程の普通職業訓練又は専門課程の高度職業訓練を修了したものとみなす。また、職業能力開発促進法の一部を改正する法律（平成4年法律第67号）の施行前に、改正前の職業能力開発促進法に基づく専門課程の養成訓練を修了した者は、専門課程の高度職業訓練を修了したものとみなし、改正前の職業能力開発促進法に基づく普通課程の養成訓練又は職業転換課程の能力再開発訓練（いずれも800時間以上のものに限る。）を修了した者はそれぞれ改正後の職業能力開発促進法に基づく普通課程の普通職業訓練を修了したものとみなす。

※5：短期養成課程の指導員訓練のうち、実務経験者訓練技法習得コースの修了者については、訓練修了後に行われる能力審査（職業訓練指導員試験に合格した者と同等以上の能力を有すると職業能力開発総合大学校の長が認める審査）に合格しているものに限る。

※6：総訓練時間が700時間未満のものを含む。

※7：3級及び基礎級の技能検定については、上記のほか、検定職種に関する学科に在学する者及び検定職種に関する訓練科において職業訓練を受けている者も受検できる。また、3級の技能検定については工業高等学校に在学する者等であって、かつ、工業高等学校の教員による検定職種に係る講習を受講し、当該講習の責任者から技能検定試験受検に際して安全衛生上の問題等がないと判定されたものも受検できる。

※8：検定職種に関し実務の経験を有する者について、受検資格を認めることとする。

※9：当該学校が厚生労働大臣の指定を受けたものであるか否かに関わらず、受検資格を付与する。

※10：職業能力開発促進法第92条に規定する職業訓練又は指導員訓練に準ずる訓練の修了者においても、修了した職業訓練又は指導員訓練の訓練課程に応じ、受検資格を付与する。

別表２　　**都道府県及び中央職業能力開発協会所在地一覧**

（令和２年４月現在）

| 協　会　名 | 郵便番号 | 所　在　地 | 電話番号 |
|---|---|---|---|
| 北海道職業能力開発協会 | 003-0005 | 札幌市白石区東札幌５条1-1-2　北海道立職業能力開発支援センター内 | 011-825-2386 |
| 青森県職業能力開発協会 | 030-0122 | 青森市大字野尻字今田43-1　青森県立青森高等技術専門校内 | 017-738-5561 |
| 岩手県職業能力開発協会 | 028-3615 | 紫波郡矢巾町大字南矢幅10-3-1　岩手県立産業技術短期大学校内 | 019-613-4620 |
| 宮城県職業能力開発協会 | 981-0916 | 仙台市青葉区青葉町16-1 | 022-271-9917 |
| 秋田県職業能力開発協会 | 010-1601 | 秋田市向浜1-2-1　秋田県職業訓練センター内 | 018-862-3510 |
| 山形県職業能力開発協会 | 990-2473 | 山形市松栄2-2-1 | 023-644-8562 |
| 福島県職業能力開発協会 | 960-8043 | 福島市中町8-2　福島県自治会館５階 | 024-525-8681 |
| 茨城県職業能力開発協会 | 310-0005 | 水戸市水府町864-4　茨城県職業人材育成センター内 | 029-221-8647 |
| 栃木県職業能力開発協会 | 320-0032 | 宇都宮市昭和1-3-10　栃木県庁舎西別館 | 028-643-7002 |
| 群馬県職業能力開発協会 | 372-0801 | 伊勢崎市宮子町1211-1 | 0270-23-7761 |
| 埼玉県職業能力開発協会 | 330-0074 | さいたま市浦和区北浦和5-6-5　埼玉県浦和合同庁舎５階 | 048-829-2802 |
| 千葉県職業能力開発協会 | 261-0026 | 千葉市美浜区幕張西4-1-10 | 043-296-1150 |
| 東京都職業能力開発協会 | 102-8113 | 千代田区飯田橋3-10-3　東京しごとセンター７階 | 03-5211-2353 |
| 神奈川県職業能力開発協会 | 231-0026 | 横浜市中区寿町1-4　かながわ労働プラザ６階 | 045-633-5419 |
| 新潟県職業能力開発協会 | 950-0965 | 新潟市中央区新光町15-2　新潟県公社総合ビル４階 | 025-283-2155 |
| 富山県職業能力開発協会 | 930-0094 | 富山市安住町7-18　安住町第一生命ビル２階 | 076-432-9887 |
| 石川県職業能力開発協会 | 920-0862 | 金沢市芳斉1-15-15　石川県職業能力開発プラザ３階 | 076-262-9020 |
| 福井県職業能力開発協会 | 910-0003 | 福井市松本3-16-10　福井県職員会館ビル４階 | 0776-27-6360 |
| 山梨県職業能力開発協会 | 400-0055 | 甲府市大津町2130-2 | 055-243-4916 |
| 長野県職業能力開発協会 | 380-0836 | 長野市大字南長野県町688-2　長野県婦人会館３階 | 026-234-9050 |
| 岐阜県職業能力開発協会 | 509-0109 | 各務原市テクノプラザ1-18　岐阜県人材開発支援センター内 | 058-260-8686 |
| 静岡県職業能力開発協会 | 424-0881 | 静岡市清水区楠160 | 054-345-9377 |
| 愛知県職業能力開発協会 | 451-0035 | 名古屋市西区浅間2-3-14　愛知県職業訓練会館内 | 052-524-2034 |
| 三重県職業能力開発協会 | 514-0004 | 津市栄町 1-954　三重県栄町庁舎４階 | 059-228-2732 |
| 滋賀県職業能力開発協会 | 520-0865 | 大津市南郷5-2-14 | 077-533-0850 |
| 京都府職業能力開発協会 | 612-8416 | 京都市伏見区竹田流池町121-3　京都府立京都高等技術専門校内 | 075-642-5075 |
| 大阪府職業能力開発協会 | 550-0011 | 大阪市西区阿波座2-1-1　大阪本町西第一ビルディング６階 | 06-6534-7510 |
| 兵庫県職業能力開発協会 | 650-0011 | 神戸市中央区下山手通6-3-30　兵庫勤労福祉センター１階 | 078-371-2091 |
| 奈良県職業能力開発協会 | 630-8213 | 奈良市登大路町38-1　奈良県中小企業会館２階 | 0742-24-4127 |
| 和歌山県職業能力開発協会 | 640-8272 | 和歌山市砂山南3-3-38　和歌山技能センター内 | 073-425-4555 |
| 鳥取県職業能力開発協会 | 680-0845 | 鳥取市富安2-159　久本ビル５階 | 0857-22-3494 |
| 島根県職業能力開発協会 | 690-0048 | 松江市西嫁島1-4-5　SPビル２階 | 0852-23-1755 |
| 岡山県職業能力開発協会 | 700-0824 | 岡山市北区内山下2-3-10　アマノビル３階 | 086-225-1547 |
| 広島県職業能力開発協会 | 730-0052 | 広島市中区千田町3-7-47　広島県情報プラザ５階 | 082-245-4020 |
| 山口県職業能力開発協会 | 753-0051 | 山口市旭通り2-9-19　山口建設ビル３階 | 083-922-8646 |
| 徳島県職業能力開発協会 | 770-8006 | 徳島市新浜町1-1-7 | 088-663-2316 |
| 香川県職業能力開発協会 | 761-8031 | 高松市郷東町587-1　地域職業訓練センター内 | 087-882-2854 |
| 愛媛県職業能力開発協会 | 791-1101 | 松山市久米窪田町487-2　愛媛県産業技術研究所　管理棟２階 | 089-993-7301 |
| 高知県職業能力開発協会 | 781-5101 | 高知市布師田3992-4 | 088-846-2300 |
| 福岡県職業能力開発協会 | 813-0044 | 福岡市東区千早5-3-1　福岡人材開発センター２階 | 092-671-1238 |
| 佐賀県職業能力開発協会 | 840-0814 | 佐賀市成章町1-15 | 0952-24-6408 |
| 長崎県職業能力開発協会 | 851-2127 | 西彼杵郡長与町高田郷547-21 | 095-894-9971 |
| 熊本県職業能力開発協会 | 861-2202 | 上益城郡益城町田原2081-10　電子応用機械技術研究所内 | 096-285-5818 |
| 大分県職業能力開発協会 | 870-1141 | 大分市大字下宗方字古川1035-1　大分職業訓練センター内 | 097-542-3651 |
| 宮崎県職業能力開発協会 | 889-2155 | 宮崎市学園木花台西2-4-3 | 0985-58-1570 |
| 鹿児島県職業能力開発協会 | 892-0836 | 鹿児島市錦江町9-14 | 099-226-3240 |
| 沖縄県職業能力開発協会 | 900-0036 | 那覇市西3-14-1 | 098-862-4278 |
| 中央職業能力開発協会 | 160-8327 | 新宿区西新宿7-5-25　西新宿プライムスクエア11階 | 03-6758-2859 |

# 空気圧装置組立て

## 実技試験問題

# 令和元年度 技能検定

# 2級 空気圧装置組立て（空気圧装置組立て作業）

# 実技試験問題概要

実技試験は、次に示す判断等試験及び計画立案等作業試験により行う。

## 1 判断等試験

1−1 試験実施日

令和2年1月19日(日)に全国一斉に行うものとする。

1−2 試験時間

問題ごとの試験時間は、次表のとおりである。

| 問題番号 | 1 | 2 | 3 | 4 | 5 | 6 | 7 | 8 | 9 | 合計 |
|---|---|---|---|---|---|---|---|---|---|---|
| 試験時間 | 5分 | 5分 | 5分 | 5分 | 5分 | 5分 | 5分 | 5分 | 5分 | 45分 |

1−3 問題の概要

| 問題 | 概　　　　要 |
|---|---|
| 問題1 | 検出器(センサ)の判定 |
| 問題2 | 電磁弁の判定 |
| 問題3 | 空気圧機器の判定 |
| 問題4 | 空気圧シリンダの速度制御方法の判定 |
| 問題5 | 配管作業の判定 |
| 問題6 | 空気タンク接続の判定 |
| 問題7 | シールテープの使い方の判定 |
| 問題8 | 空気圧調整ユニットの判定 |
| 問題9 | 回路計(テスタ)の使い方の判定 |

1−4 持参用具等

| 品　　名 | 寸法又は規格 | 数　量 | 備　考 |
|---|---|---|---|
| 筆記用具 | 鉛筆、消しゴム等 | 一式 | |

## 2 計画立案等作業試験

2−1 試験実施日

　　令和2年1月19日(日)に全国一斉に行うものとする。

2−2 試験時間

　　2時間

2−3 問題の概要

　　簡単な空気圧回路図の読図、装置の調整及び保守点検方法、空気圧装置に関する計算等について行う。

2−4 持参用具等

| 品　名 | 寸法又は規格 | 数　量 | 備　考 |
|---|---|---|---|
| 筆記用具 | 鉛筆、消しゴム等 | 一式 | |
| 電子式卓上計算機 | 電池式(太陽電池含む) | 1 | 関数電卓可(ただし、プログラム機能付きのものは不可) |

## 3 注意事項

(1) 判断等試験問題は、試験当日配付され、当日回収される。

(2) 使用用具等は、指定したもの以外のものは使用しないこと。

(3) 試験中は、用具等の貸し借りを禁止する。

(4) <u>この問題概要に書き込みしたものを持ち込まないこと。また試験中に他の用紙にメモしたものや参考書等を参照することは禁止とする。</u>

(5) 試験中は、携帯電話(電卓機能の使用を含む)等の使用を禁止とする。

# 令和元年度 技能検定

# 2級 空気圧装置組立て（空気圧装置組立て作業）

# 実技試験（計画立案等作業試験）問題

## 1 試験時間

2時間

## 2 注意事項

（1） 係員の指示があるまで、この表紙はあけないでください。

（2） 解答用紙に、受検番号及び氏名を必ず記入してください。

（3） 係員の指示に従って、この試験問題が表紙を含めて8ページであることを確認してください。 そ
れらに異常がある場合は、黙って手を挙げてください。

（4） 試験開始の合図で始めてください。

（5） 解答は、解答用紙の解答欄へ記入してください。

なお、要求している解答以外は記入しないでください。

（6） 試験中、携帯電話（電卓機能の使用を含む。）等の使用を禁止とします。

（7） 試験中、質問があるときは、黙って手を挙げてください。ただし、試験問題の内容、漢字の読み
方等に関する質問にはお答えできません。

（8） 試験終了時刻前に解答ができあがった場合は、黙って手を挙げて、係員の指示に従ってください。

（9） 試験中に手洗いに立ちたいときは、黙って手を挙げて、係員の指示に従ってください。

（10） 試験終了の合図があったら、筆記用具を置き、係員の指示に従ってください。

（11） 試験終了後、解答用紙を提出してください。

（12） 計算等は、問題用紙の余白又は裏面を使用して行ってください。

## 3 試験に使用できる用具等一覧

| 品　　名 | 寸法又は規格 | 数量 | 備　　考 |
|---|---|---|---|
| 筆記用具 | 鉛筆、消しゴム等 | 一式 | |
| 電子式卓上計算機 | 電池式（太陽電池式含む） | 1 | 関数電卓可（ただし、プログラム機能付きのものは不可） |

## 問題1

　下図の［空気圧回路図］は、押しボタン式切換弁 P によってシリンダ A を前進させ、その作動検知によってシリンダ B を前進させた後、シリンダ A 及びシリンダ B を後退させる空気圧装置である。

　図中の①〜⑥に当てはまる機器を、次ページの［図記号群］からそれぞれ一つずつ選び、解答欄に記号で答えなさい。

　なお、S は空気圧センサを表している。

［空気圧回路図］

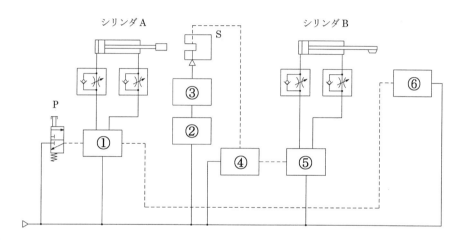

[図記号群]

| 記号 | 図記号 | 記号 | 図記号 |
|------|--------|------|--------|
| ア | | サ | |
| イ | | シ | |
| ウ | | ス | |
| エ | | セ | |
| オ | | ソ | |
| カ | | タ | |
| キ | | チ | |
| ク | | ツ | |
| ケ | | テ | |
| コ | | ト | |

## 問題2

空気圧シリンダに関する次の各設問に答えなさい。ただし、円周率($\pi$)= 3.14、標準大気圧= 0.1 MPa とする。

設問 1　シリンダ力(理論出力)1250N を得たい場合、空気圧シリンダの内径が 63mm 及び 80mm のとき のそれぞれの供給圧力[MPa]を求めなさい。ただし、計算に当たっては、計算途中における数値の 切捨て切上げ及び四捨五入は行わず、最終計算値の小数点第 3 位を切上げし、小数点第 2 位までの 値で答えること。

設問 2　シリンダストロークが 500mm で、ピストンロッド径については、「内径 63mm のシリンダは 20mm」、「内径 80mm のシリンダは 25mm」とする場合、それぞれの一往復当たりの空気消費量 [dm³(ANR)]を求めなさい。ただし、供給圧力は設問 1 で求めたそれぞれの内径の解答値を使用し、 計算途中における数値の切捨て切上げ及び四捨五入は行わず、最終計算値の小数点第 2 位を四捨五 入し、小数点第 1 位までの値で答えること。

## 問題3

　下図は、空気圧シリンダを用いた［搬送装置］を示している。この［搬送装置］に関する記述中の（　①　）
〜（　⑨　）内に当てはまる語句として最も適切なものを、下記の［語群］からそれぞれ一つずつ選び、解
答欄に記号で答えなさい。

［搬送装置］

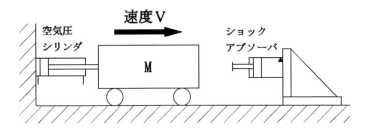

　空気圧シリンダを使った搬送装置を製作する場合、次の事項に注意する必要がある。

　使用する空気圧機器は、搬送物の（　①　）、ガイド機構の有無、移動速度等を把握して適切な機種を選
定する。搬送物の動き出しを速くしたい場合、空気圧シリンダの選定は、（　②　）が（　③　）サイズとし、
（　④　）を小さめに設定する。搬送物の停止時の衝撃による装置の破損を防ぐためには、空気圧シリンダの
（　⑤　）を活用したり、外部にショックアブソーバを設置するなどの衝撃対策が必要である。

　ショックアブソーバの選定には、搬送物の（　①　）と（　⑥　）の速度から搬送物の（　⑦　）を計算し、ま
た、空気圧シリンダが加える（　⑧　）を合わせた（　⑨　）を計算して、適切なサイズにする。

［語群］

| 記号 | 語句 | 記号 | 語句 | 記号 | 語句 |
|---|---|---|---|---|---|
| ア | 材質 | キ | 大きい | ス | 運動エネルギー |
| イ | 負荷率 | ク | 質量 | セ | 推力エネルギー |
| ウ | ピストンロッド径 | ケ | 位置検出 | ソ | 総エネルギー |
| エ | ストローク | コ | クッション機構 | タ | 位置エネルギー |
| オ | 内径 | サ | 動き出し | | |
| カ | 小さい | シ | 衝突直前 | | |

## 問題4

パッキンに関する記述中の（　①　）～（　⑩　）内に当てはまる語句として最も適切なものを、下記の［語群］からそれぞれ一つずつ選び、解答欄に記号で答えなさい。

運動用の成形パッキンとしては、流体圧の増加に伴って接触圧が増加する特性のあるセルフシールパッキンが使用されている。そして、セルフシールパッキンは、大きく（　①　）と（　②　）に分類される。

（　①　）の代表的なものとして（　③　）がある。（　③　）は、通常 5%から 25%程度の適切なつぶし代を与えて圧縮することによってシールさせる。

なお、そのパッキンの形状から、（　④　）の圧力をシールするという特徴があり、複動シリンダのピストンパッキンに使用する場合は、一つ使用するだけで済む。一方、欠点として（　⑤　）が大きく、長期に休止すると（　⑥　）することもある。また、固定用のパッキンとしても多用される。

（　②　）の代表的なものとして（　⑦　）がある。比較的（　⑤　）が小さいと言われ、主に運動用に用いられる。そのパッキンの形状から、（　⑧　）の圧力をシールするのが原則であり、複動シリンダのピストンパッキンとして利用する場合は、二つ組み合わせて使用する。

これらのパッキンを低速で動作させると、望ましくない間欠動作である（　⑨　）を引き起こすことがあるので注意を要する。また、高圧になると変形して隙間からはみ出すことがあり、それを防ぐために、シール溝の中に補助部品として（　⑩　）を併用することもある。

［語群］

| 記号 | 語句 | 記号 | 語句 | 記号 | 語句 |
|---|---|---|---|---|---|
| ア | グランドパッキン | ク | スクィーズパッキン | ソ | 径方向 |
| イ | 接触形シール | ケ | リップパッキン | タ | 円周方向 |
| ウ | 非接触形シール | コ | Oリング | チ | バックアップリング |
| エ | 粘着 | サ | スティックスリップ | ツ | ウェアリング |
| オ | Uパッキン | シ | ドリフト | テ | ゴム硬度 |
| カ | ピストンリング | ス | 両方向 | ト | 始動摩擦 |
| キ | 劣化 | セ | 片方向 | | |

## 問題5

空気圧シリンダに関する記述中の（　①　）～（　⑤　）内に当てはまる語句として最も適切なものを、下記の［語群］からそれぞれ一つずつ選び、解答欄に記号で答えなさい。

・ 空気圧シリンダのパッキン材質には、一般的に（　①　）ゴムが使用されている。また、ルブリケータにおいて潤滑を行う場合は、（　②　）油を使用しないと、パッキンの劣化や膨潤の原因となる。

・ 空気圧シリンダを取り付けるときは、ピストンロッドと負荷の芯出しを行う。芯出し確認は、低圧作動による確認又は手動による確認が望ましい。負荷を揺動させる場合は、クレビス形式、（　③　）形式の支持形式を採用する。ストロークが長い場合は、（　④　）の座屈強度からストロークの使用可能限界の確認を要する。

・ 空気圧シリンダの速度制御は、速度制御弁を（　⑤　）回路で使用するのが一般的である。

［語群］

| 記号 | 語句 | 記号 | 語句 |
|---|---|---|---|
| ア | ふっ素 | ケ | トラニオン |
| イ | フート | コ | タイロッド |
| ウ | ピストン | サ | フランジ |
| エ | メータアウト | シ | スピンドル |
| オ | タービン | ス | メータイン |
| カ | マシン | セ | パイロット |
| キ | ニトリル | ソ | シリコーン |
| ク | ピストンロッド | | |

## 問題6

下記の①〜⑥について、シリンダのブシュが偏摩耗するときの一般的な原因として考えられるものには○を、そうでないものには×を解答欄に記入しなさい。

| | |
|---|---|
| ① | 負荷の移動方向とシリンダの軸心の方向とが一致していない。 |
| ② | ルブリケータの滴下量が少ない。 |
| ③ | 速度が20 mm／s と遅い。 |
| ④ | ストロークの途中でロッドが回転させられる。 |
| ⑤ | ピストンロッドに規定以上の横荷重が掛かっている。 |
| ⑥ | 負荷率が高い。 |

# 平成30年度 技能検定

# 2級 空気圧装置組立て（空気圧装置組立て作業）

# 実技試験（計画立案等作業試験）問題

## 1 試験時間

2時間

## 2 注意事項

（1） 係員の指示があるまで、この表紙はあけないでください。

（2） 解答用紙に、受検番号及び氏名を必ず記入してください。

（3） 係員の指示に従って、この試験問題が表紙を含めて7ページであることを確認してください。
それらに異常がある場合は、黙って手を挙げてください。

（4） 試験開始の合図で始めてください。

（5） 解答は、解答用紙の解答欄へ記入してください。
なお、要求している解答以外は記入しないでください。

（6） 試験中、携帯電話(電卓機能の使用を含む)等の使用を禁止とします。

（7） 試験中、質問があるときは、黙って手を挙げてください。ただし、試験問題の内容、漢字の読
み方等に関する質問にはお答えできません。

（8） 試験終了時刻前に解答ができあがった場合は、黙って手を挙げて、係員の指示に従ってくださ
い。

（9） 試験中に手洗いに立ちたいときは、黙って手を挙げて、係員の指示に従ってください。

（10） 試験終了の合図があったら、筆記用具を置き、係員の指示に従ってください。

（11） 試験終了後、解答用紙を提出してください。

（12） 計算等は、問題用紙の余白又は裏面を使用して行ってください。

## 3 試験に使用できる用具等一覧

| 品 名 | 寸法又は規格 | 数量 | 備 考 |
|---|---|---|---|
| 筆記用具 | 鉛筆、消しゴム等 | 一式 | |
| 電子式卓上計算機 | 電池式(太陽電池式含む) | 1 | 関数電卓可(ただし、プログラム機能付きのものは不可) |

## 問題1

以下の①～⑩の文章それぞれについて、下図に示した空気圧回路図による装置の動作や特徴として、正しいものには〇、誤っているものには×を解答欄に記入しなさい。ただし、リミットバルブ LV は、シリンダのピストンロッドが前進端にあるときに押される位置に設置されている。

①　スタートボタンを押すと、シリンダは、連続往復動作を開始し、復帰ボタンによって連続往復動作を終了する。

②　シリンダは、スタートボタンを離すとその位置からロッドは復帰動作を始めるので、シリンダが LV を押すまでスタートボタンを押し続ける必要がある。

③　シリンダは、タイマ回路が入っているため、ロッドの前進中にスタートボタンを離しても、タイマ設定時間だけ前進動作を継続する。

④　シリンダは、ストロークの中間で停止させることはできない。

⑤　シリンダが LV を押した状態で復帰ボタンを押すと、直ちにロッドは後退動作を始める。

⑥　シリンダが前進端で LV を押した後、ロッドが後退動作中にスタートボタンを押しても、タイマが働いているため前進動作を開始することはない。

⑦　シャトル弁は、回路の動作を安定させるために取り付けられており、取り外しても同様の動きを得ることができる。

⑧　速度制御弁と空気タンクは、シャトル弁の動作を確実に行わせるために配置されている。

⑨　速度制御弁の絞り状態を変えずに、空気タンクの容量のみ大きくすると、前進端でのロッドの停止時間は長くなる。

⑩　速度制御弁の向きを逆に取り付けると、前進端でのロッドの停止時間は短くなる。

［空気圧回路図］

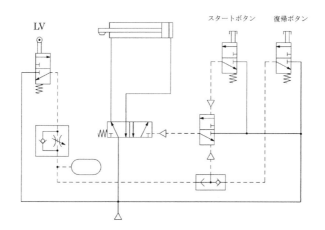

## 問題2

　空気圧シリンダに関する文中の（　①　）〜（　⑤　）に当てはまる語句又は、最も近い数値を[語群]から一つずつ選び、解答欄に記号で答えなさい。ただし、円周率＝3.14、大気圧＝0.1 MPa(abs)とする。

　シリンダ力(理論出力)2000N を得たい。内径 80mm のロッドレスシリンダでは、供給圧力は（　①　）MPa となり、内径 100mm のロッドレスシリンダでは、供給圧力は（　②　）MPa となる。各々ストロークを 2000mm とすると空気消費量は、一往復当たり、内径 80mm のロッドレスシリンダでは（　③　）m³(ANR)、内径 100mm のロッドレスシリンダでは（　④　）m³(ANR)となる。この例では、高圧の時の方が空気消費量が（　⑤　）なっている。ただし、空気消費量に使用する供給圧力は、語群から選んだ数値とする。

[語群]

| 記号 | 語句・数値 | 記号 | 語句・数値 | 記号 | 語句・数値 | 記号 | 語句・数値 | 記号 | 語句・数値 |
|---|---|---|---|---|---|---|---|---|---|
| ア | 0.09 | イ | 0.10 | ウ | 0.11 | エ | 0.12 | オ | 0.20 |
| カ | 0.25 | キ | 0.32 | ク | 0.40 | ケ | 0.50 | コ | 9 |
| サ | 10 | シ | 11 | ス | 12 | セ | 少なく | ソ | 多く |

# 問題3

空気圧回路に関する文中の（　①　）～（　⑧　）に当てはまる最も適切な語句を、[語群]から一つずつ選び解答欄に記号で答えなさい。

回路圧力は、まず工場ラインで指定されている供給圧力、選定可能な圧縮機の（　①　）、アクチュエータで必要な圧力などの条件と、さらに、空気消費による配管内の（　②　）、減圧弁の流量特性による圧力変動を見込み、余裕を持った回路圧力に決定する。

アクチュエータの選定にあたっては、（　③　）式及び（　④　）式があるので注意する必要がある。（　③　）式は給油管理が不要であり、排気の油汚染も少ないことから、現在ほとんどの空気圧機器は（　③　）式である。（　④　）式は大形の機器などに用いられているが、（　⑤　）から先の制御配管の容積が大きいと、供給空気とアクチュエータ内空気が置換されなくなるので、給油可能な（　⑥　）には限度がある。

シリンダのサイズの決定にあたっては理論出力に対する（　⑦　）の比、すなわち負荷率に注意する。例えば、0.5 MPa の使用圧力で駆動速度を 300～500 mm/s 程度にするには負荷率を 0.6 以下に設定するが、更に駆動速度を上げるには負荷率を（　⑧　）すればよい。

[語群]

| 記号 | 語句 | 記号 | 語句 | 記号 | 語句 | 記号 | 語句 |
|---|---|---|---|---|---|---|---|
| ア | 固定 | イ | 給油 | ウ | 無給油 | エ | 小さく |
| オ | 大きく | カ | 短く | キ | 長く | ク | ルブリケータ |
| ケ | 速度制御弁 | コ | 最低動作圧力 | サ | 吐出圧力 | シ | 耐圧力 |
| ス | 配管長さ | セ | 速度制御弁サイズ | ソ | 実負荷 | タ | 圧力降下 |
| チ | 消費流量 | | | | | | |

## 問題4

　空気圧装置の駆動機器に関する文中の（　①　）～（　⑤　）に当てはまる最も適切な語句を、[語群]から一つずつ選び、解答欄に記号で答えなさい。

　装置組立において注意する点として、空気圧シリンダは負荷の運動方向とピストンロッドの軸芯を一致させないと、かじりやパッキン摩耗などを引き起こすおそれがある。この（　①　）を補正するためにピストンロッド先端に自由度のあるジョイントを介して負荷と接する方法も選択できる。

　空気圧シリンダのピストン速度を10mm/s程度の速度で動かす場合、（　②　）が発生する可能性が高い。低速でスムーズな送り動作を行うためには、（　③　）を使用した回路にするとよい。逆に、シリンダのピストン速度を高速で動かす場合や（　④　）が高い場合は、空気圧シリンダに内蔵されたクッション機構ではエネルギーを吸収できないことがある。この場合は、（　⑤　）を取り付けて空気圧シリンダを保護しなければならない。

[語群]

| 記号 | 語句 | 記号 | 語句 | 記号 | 語句 |
|---|---|---|---|---|---|
| ア | オリフィス | イ | ポジショナ | ウ | ヒステリシス |
| エ | バランス回路 | オ | スティックスリップ | カ | 圧力損失 |
| キ | 緩衝器 | ク | 空油変換器 | ケ | 繰返し精度 |
| コ | 負荷率 | サ | 芯ずれ | シ | 座屈 |

## 問題5

　下図Aは、あるリフター装置の空気圧回路図である。この装置において、リフター上限で電源が落ちると、電磁弁のリークによって、リフターが徐々に下降してくることがわかった。この不具合が発生しないリフター装置の空気圧回路図として最も適切なものを［空気圧回路図群］から一つ選び、解答欄に記号で答えなさい。

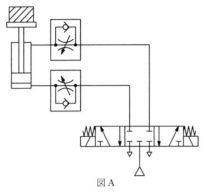

図A

［空気圧回路図群］

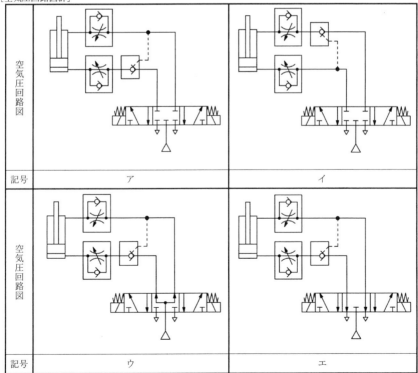

## 問題6

下図は、ある空気圧装置の回路図である。この回路図を基に次の各設問に答えなさい。

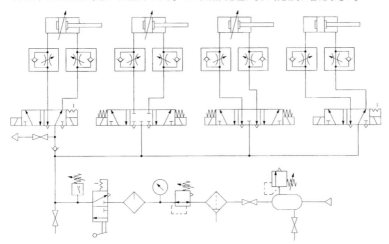

設問1　電磁弁の非通電と空気圧シリンダの作動停止を確認した後に、残圧を開放するため3ポート手動弁を操作し排気した。そのとき、圧力を内部に有する空気圧シリンダの本数として正しいものを一つ選び、解答欄に記号で答えなさい。

　　　ア　0本
　　　イ　1本
　　　ウ　2本
　　　エ　3本
　　　オ　4本

設問2　全て残圧を開放し、電磁弁の非通電を確認した後、3ポート手動弁を操作し、圧力を供給した。そのとき、シリンダ内に圧力が供給される空気圧シリンダの本数として正しいものを一つ選び、解答欄に記号で答えなさい。

　　　ア　0本
　　　イ　1本
　　　ウ　2本
　　　エ　3本
　　　オ　4本

設問3　この空気圧装置の日常の点検で行うべき事項として、最も適切なものを一つ選び、解答欄に記号で答えなさい。

　　　ア　空気漏れがないことを石けん水等で確認する。
　　　イ　空気圧フィルタ及び配管路のドレン弁を開け、ドレンを排出する。
　　　ウ　減圧弁の設定圧力を0にする。
　　　エ　ルブリケータの潤滑油が貯油量の上限近くにあるかどうか確認し、不足の場合は補給する。
　　　オ　配管を外してフラッシングをする。
　　　カ　各空気圧シリンダのクッションと速度制御弁を調整する。

# 平成29年度 技能検定

# 2級 空気圧装置組立て（空気圧装置組立て作業）

# 実技試験（計画立案等作業試験）問題

## 1 試験時間

2時間

## 2 注意事項

（1） 係員の指示があるまで、この表紙はあけないでください。

（2） 解答用紙に、受検番号及び氏名を必ず記入してください。

（3） 係員の指示に従って、この試験問題が表紙を含めて**9ページ**であることを確認してください。

それらに異常がある場合は、黙って手を挙げてください。

（4） 試験開始の合図で始めてください。

（5） 解答は、解答用紙の解答欄へ記入してください。

なお、要求している解答以外は記入しないでください。

（6） 試験中、携帯電話(電卓機能の使用を含む)等の使用を禁止とします。

（7） 試験中、質問があるときは、黙って手を挙げてください。ただし、試験問題の内容、漢字の読み方等に関する質問にはお答えできません。

（8） 試験終了時刻前に解答ができあがった場合は、黙って手を挙げて、係員の指示に従ってください。

（9） 試験中に手洗いに立ちたいときは、黙って手を挙げて、係員の指示に従ってください。

（10） 試験終了の合図があったら、筆記用具を置き、係員の指示に従ってください。

（11） 試験終了後、解答用紙を提出してください。

（12） 計算等は、問題用紙の余白又は裏面を使用して行ってください。

## 3 試験に使用できる用具等一覧

| 品　　　名 | 寸法又は規格 | 数量 | 備　　　考 |
|---|---|---|---|
| 筆記用具 | 鉛筆、消しゴム等 | 一式 | |
| 電子式卓上計算機 | 電池式(太陽電池式含む) | 1 | 関数電卓可(ただし、プログラム機能付きのものは不可) |

## 問題1

　図 1 の空気圧回路図は、押しボタン式切換弁のスタート信号によりスタートし、シリンダ(Ⅰ)・シリンダ(Ⅱ)が図 2 のタイムチャートに示すシーケンス動作を 1 サイクル動作した後停止するものである。

　なお、この回路は、シリンダ(Ⅰ)・シリンダ(Ⅱ)のシリンダロッド前進端及び後退端に設けられたリミットバルブの信号により、次のステップに進むシーケンス動作を行わせている。

　また、この回路は、シリンダ(Ⅰ)・シリンダ(Ⅱ)ともに、シリンダロッドが動作の原点である後退端になければシリンダ(Ⅰ)がスタートしないインターロック回路になっている。

　これらを基にして次の各設問に答えなさい。

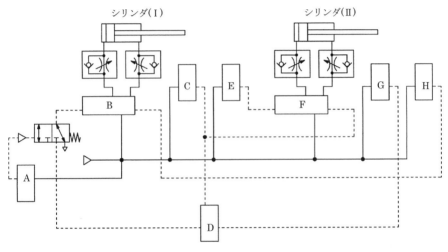

図 1　空気圧回路図

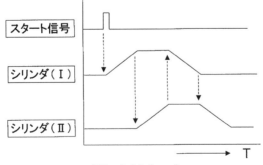

図 2　タイムチャート

設問 1　この動作を実現するために図 1 の空気圧回路図中のバルブ A～H に当てはまる機器を、[図記号群]の中から一つずつ選び、解答欄に記号で答えなさい。ただし、同一記号を重複して使用してもよい。

設問 2　図 1 の空気圧回路は 1 サイクル動作で停止するが、これを連続動作するように変更する。ただし、図 1 の空気圧回路図中の配管はそのままとし、回路図中のバルブ A～H のうちの一つを[図記号群]の中にある一つのバルブに交換して連続動作を可能とするものとする。

　　　問 1　交換するバルブを図 1 中のバルブ A～H の中から一つ選び、解答欄に記号で答えなさい。

　　　問 2　新たに交換するバルブを[図記号群]の中から一つ選び、解答欄に記号で答えなさい。

[図記号群]

| 記号 | 図記号 | 記号 | 図記号 | 記号 | 図記号 |
|---|---|---|---|---|---|
| ア | | イ | | ウ | |
| エ | | オ | | カ | |
| キ | | ク | | ケ | |
| コ | | サ | | シ | |
| ス | | セ | | ソ | |

## 問題2

次の[空気圧回路図]は、負荷の上昇、下降用に複動形空気圧シリンダを用い、このシリンダの中間停止時に負荷が動かないように、押さえとして単動形空気圧シリンダを用いた装置である。この装置に関する次の各設問に答えなさい。ただし、以下の[条件]で装置を考えているものとする。

[空気圧回路図]

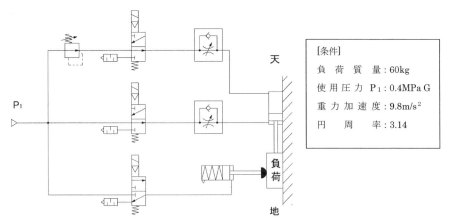

[条件]
負 荷 質 量：60kg
使 用 圧 力 $P_1$：0.4MPa G
重 力 加 速 度：9.8m/s²
円 周 率：3.14

設問1　負荷質量に対して、上昇方向のシリンダ力が2倍以上になる最小のシリンダチューブ内径とピストンロッド径の組合せを、次の表の選択記号のA～Gから一つ選び、解答欄に記号で答えなさい。

(単位：mm)

| 選択記号<br>組合せ | A | B | C | D | E | F | G |
|---|---|---|---|---|---|---|---|
| シリンダチューブ内径 | 32 | 40 | 50 | 63 | 80 | 100 | 125 |
| ピストンロッド径 | 12 | 16 | 20 | 20 | 25 | 30 | 30 |

設問2　設問1の正解の組合せのシリンダでは装置が大きくなるため、設問1の表中における一つ下の組合せのシリンダに変更して小型化することにした。このとき、負荷質量に対して上昇方向のシリンダ力が2倍となる圧力 $P_1$(MPa G)を求め、解答欄に答えなさい。

なお、計算に当たっては、計算途中における数値の切捨て、切り上げ及び四捨五入は行わず、最終計算値の小数第3位を四捨五入して、小数第2位までの数値で答えなさい。

設問3　単動形空気圧シリンダのスプリング反力は、ピストンロッド押出状態で1400N、ピストンロッド引込状態で1600Nである。設定圧力$P_1$を設問2で求めた正解の圧力としたとき、ピストンロッド引込方向のシリンダ力が200N以上になる最小のシリンダチューブ内径とピストンロッド径の組合せを次の表の選択記号のア〜キから一つ選び、解答欄に記号で答えなさい。

（単位：mm）

| 選択記号　　　　　組合せ | ア | イ | ウ | エ | オ | カ | キ |
|---|---|---|---|---|---|---|---|
| シリンダチューブ内径 | 50 | 63 | 80 | 100 | 125 | 160 | 200 |
| ピストンロッド径 | 20 | 20 | 25 | 30 | 30 | 40 | 50 |

## 問題3

下図は、部品(A)に部品(B)を圧入する［空気圧回路図］である。この回路について、次の文中の（　①　）～（　⑩　）に当てはまるものを［語群］の中から一つずつ選び、解答欄に記号で答えなさい。ただし、同一記号を重複して使用しないこと。

［空気圧回路図］

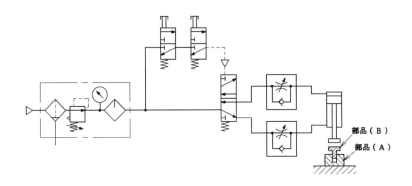

部品（B）
部品（A）

この空気圧プレス装置を作動させる空気圧システムを組み立てる場合、次の事項に注意する必要がある。

・機器は、空気圧源側から順次取り付け、配管を行っていき、その都度（　①　）をするのが望ましい。したがって、（　②　）には、装置組立て完了後に（　③　）を入れる。

・（　④　）及びルブリケータは、必ず（　⑤　）を下にして垂直に取り付けなければならない。

・（　⑥　）は、できるだけシリンダの近くに取り付けることによって（　⑦　）が容易になる。

・この装置では、5ポート切換弁操作用として手動切換弁を2個（　⑧　）に使用しており、これは（　⑨　）のためであり、日本工業規格(JIS)によれば、片手の使用による機能不良を防止するための適切な方策の例として、手動切換弁は、少なくとも（　⑩　）(機器の内寸法)分離して設置するとされている。

［語群］

| 記号 | 語句 | 記号 | 語句 | 記号 | 語句 | 記号 | 語句 |
|---|---|---|---|---|---|---|---|
| ア | 減圧弁 | イ | シリンダ | ウ | 空気 | エ | 空気圧フィルタ |
| オ | ルブリケータ | カ | 650mm | キ | 速度調整 | ク | 生産性向上 |
| ケ | 圧力調整 | コ | ケース | サ | 260mm | シ | 直列 |
| ス | フラッシング | セ | 両手操作 | ソ | 潤滑油 | タ | 速度制御弁 |
| チ | 並列 | | | | | | |

## 問題4

　文中の（　①　）～（　⑩　）に当てはまる最も適切な語句を、［語群］の中から一つずつ選び、解答欄に記号で答えなさい。

　水平に取り付けた複動シリンダの中間停止回路で、（　①　）の5ポート3位置切換弁を使用したとき、切換弁を（　②　）にし、入口ポートから（　③　）に圧縮空気を流すとともに、両排気ポートを（　④　）、シリンダの中間停止をする。この回路では、（　⑤　）の5ポート3位置切換弁を使用したときのような、中間位置から再起動したときの（　⑥　）は発生しない。また、中間停止時にシリンダの（　⑦　）をとらないとシリンダが動くため、（　⑧　）を使用する必要がある。これはピストンの両側面に（　⑨　）があるからで、（　⑩　）シリンダのときは、このような心配がない。

［語群］

| 記号 | 語句 | 記号 | 語句 | 記号 | 語句 |
|---|---|---|---|---|---|
| ア | クローズドセンタ | イ | エキゾーストセンタ | ウ | プレッシャセンタ |
| エ | 開き | オ | 両出口ポート | カ | パイロットポート |
| キ | 閉じ | ク | 排気絞り | ケ | ノーマルオープン |
| コ | 中間位置 | サ | 飛出し現象 | シ | サージ圧 |
| ス | 出力バランス | セ | エア抜き | ソ | 逆流機能付減圧弁 |
| タ | 急速排気弁 | チ | 受圧面積差 | ツ | 圧力降下 |
| テ | 両ロッド | ト | クッション付 | ナ | 片ロッド |

## 問題5

文中の( ① )～( ⑤ )に当てはまるものを［語群］の中から一つずつ選び、解答欄に記号で答えなさい。ただし、同じ記号は重複して使用しないこと。


空気は、圧力によって体積が変化するため、シリンダの正確な速度制御が難しい。( ① )では( ② )を絞っているので、供給圧力が一定の場合、負荷の変動で速度が上がれば背圧が( ③ )なって速度を押さえる力が働き、速度が下がれば背圧が( ④ )なって速度を( ⑤ )力が働くため、シリンダ速度は一定になろうとする。


［語群］

| 記号 | 語句 | 記号 | 語句 | 記号 | 語句 | 記号 | 語句 |
|---|---|---|---|---|---|---|---|
| ア | フィードバック回路 | イ | メータイン回路 | ウ | メータアウト回路 | エ | 上げる |
| オ | 一定に | カ | 下げる | キ | 高く | ク | 低く |
| ケ | 給気 | コ | 排気 | | | | |

## 問題6

設問1　下記の空気圧機器に関する［不具合現象］の@〜@に当てはまる最も適切な機器を、［システム図］
　　　　に示す1 〜 10の中から一つずつ選び解答欄に番号で答えなさい。ただし、同じ番号は重複して使
　　　　用しないこと。

［不具合現象］

> @　通電しても動作しないときには定格電圧が加えられていないことも考えられるので、電圧を確
> 　認する。シール部の破損により排気ポートからエア漏れがある場合は、分解清掃しシールの交換
> 　を行う。
> ⓑ　ストロークエンド端まで動作しないときにはクッションの動作を確認する。クッションニード
> 　ルを調整しても動作に変化が見られない場合は、異物の混入が考えられるため、分解して異物除
> 　去を行う。
> ⓒ　排気流量が低下してきたときには目詰まりを確認し、目詰まりしている場合には、洗浄又は交
> 　換を行う。
> ⓓ　エレメントの目詰まりやドレンが溜まっていると圧力低下が発生するので、その場合は、エレ
> 　メントの交換やドレンの排出を行う必要がある。

［システム図］

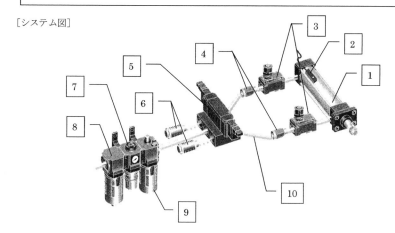

設問2　設問1の@〜@に当てはまる最も適切な機器の名称を［語群］の中から一つずつ選び、解答欄に
　　　　記号で答えなさい。ただし、同じ記号は重複して使用しないこと。

［語群］

| 記号 | 語句 | 記号 | 語句 | 記号 | 語句 | 記号 | 語句 |
|---|---|---|---|---|---|---|---|
| ア | 圧力スイッチ | イ | シリンダ用スイッチ | ウ | 空気圧モータ | エ | 空気圧シリンダ |
| オ | 減圧弁 | カ | 速度制御弁 | キ | マスターバルブ | ク | シャトル弁 |
| ケ | 逆止め弁 | コ | 急速排気弁 | サ | 電磁弁 | シ | ルブリケータ |
| ス | 空気圧フィルタ | セ | 消音器 | ソ | 管継手 | タ | 配管 |

# 令和元年度 技能検定
# 1級 空気圧装置組立て（空気圧装置組立て作業）
# 実技試験問題概要

実技試験は、次に示す判断等試験及び計画立案等作業試験により行う。

## 1 判断等試験

### 1−1 試験実施日

令和2年1月19日(日)に全国一斉に行うものとする。

### 1−2 試験時間

問題ごとの試験時間は、次表のとおりである。

| 問題番号 | 1 | 2 | 3 | 4 | 5 | 6 | 7 | 8 | 9 | 合計 |
|---|---|---|---|---|---|---|---|---|---|---|
| 試験時間 | 5分 | 5分 | 5分 | 5分 | 5分 | 5分 | 5分 | 5分 | 5分 | 45分 |

### 1−3 問題の概要

| 問題 | 概　　　　　要 |
|---|---|
| 問題1 | 空気圧回路図の判定 |
| 問題2 | 検出器(センサ)の判定 |
| 問題3 | 空気圧アクチュエータの判定 |
| 問題4 | 電気配線の判定 |
| 問題5 | 弁の判定 |
| 問題6 | 配管作業の判定 |
| 問題7 | 空油変換回路の判定 |
| 問題8 | 空気圧アクチュエータの速度制御方法の判定 |
| 問題9 | 回路計(テスタ)の使い方の判定 |

### 1−4 持参用具等

| 品　名 | 寸法又は規格 | 数　量 | 備　考 |
|---|---|---|---|
| 筆記用具 | 鉛筆、消しゴム等 | 一式 | |

## 2 計画立案等作業試験

### 2-1 試験実施日

令和2年1月19日(日)に全国一斉に行うものとする。

### 2-2 試験時間

2時間

### 2-3 問題の概要

空気圧回路図の読図、装置の調整及び保守点検方法、空気圧装置に関する計算等について行う。

### 2-4 持参用具等

| 品　名 | 寸法又は規格 | 数　量 | 備　考 |
|---|---|---|---|
| 筆記用具 | 鉛筆、消しゴム等 | 一式 | |
| 電子式卓上計算機 | 電池式(太陽電池含む) | 1 | 関数電卓可(ただし、プログラム機能付きのものは不可) |

## 3 注意事項

(1) 判断等試験問題は、試験当日配付され、当日回収される。

(2) 使用用具等は、指定したもの以外のものは使用しないこと。

(3) 試験中は、用具等の貸し借りを禁止する。

(4) **この問題概要に書き込みしたものを持ち込まないこと。また試験中に他の用紙にメモしたものや参考書等を参照することは禁止とする。**

(5) 試験中は、携帯電話(電卓機能の使用を含む)等の使用を禁止とする。

# 令和元年度 技能検定

# 1級 空気圧装置組立て（空気圧装置組立て作業）

# 実技試験（計画立案等作業試験）問題

## 1 試験時間

2時間

## 2 注意事項

（1） 係員の指示があるまで、この表紙はあけないでください。

（2） 解答用紙に、受検番号及び氏名を必ず記入してください。

（3） 係員の指示に従って、この試験問題が表紙を含めて13ページであることを確認してください。
それらに異常がある場合は、黙って手を挙げてください。

（4） 試験開始の合図で始めてください。

（5） 解答は、解答用紙の解答欄へ記入してください。
なお、要求している解答以外は記入しないでください。

（6） 試験中、携帯電話（電卓機能の使用を含む。）等の使用を禁止とします。

（7） 試験中、質問があるときは、黙って手を挙げてください。ただし、試験問題の内容、漢字の読み方等に関する質問にはお答えできません。

（8） 試験終了時刻前に解答ができあがった場合は、黙って手を挙げて、係員の指示に従ってください。

（9） 試験中に手洗いに立ちたいときは、黙って手を挙げて、係員の指示に従ってください。

（10） 試験終了の合図があったら、筆記用具を置き、係員の指示に従ってください。

（11） 試験終了後、解答用紙を提出してください。

（12） 計算等は、問題用紙の余白又は裏面を使用して行ってください。

## 3 試験に使用できる用具等一覧

| 品　　名 | 寸法又は規格 | 数量 | 備　　考 |
|---|---|---|---|
| 筆記用具 | 鉛筆、消しゴム等 | 一式 | |
| 電子式卓上計算機 | 電池式（太陽電池式含む） | 1 | 関数電卓可（ただし、プログラム機能付きのものは不可） |

## 問題1

　下図の［空気圧回路図］は、図中のシリンダ(1)及びシリンダ(2)が、次に示す［タイムチャート］のように作動する空気圧装置の回路図を示している。次の各設問に答えなさい。ただし、 (a)〜(i)の接続と一部の図記号については記載されていない。

［空気圧回路図］

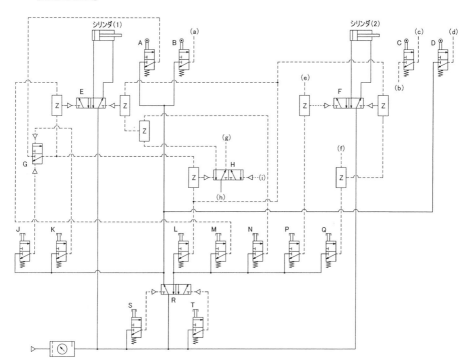

［タイムチャート］

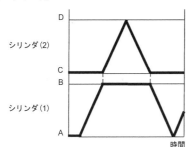

設問1　下記の記述中の（　①　）～（　⑨　）内に当てはまる機器として適切なものを、［空気圧回路図］中の記号A～Tの中からそれぞれ一つずつ選び、解答欄に記号で答えなさい。なお、同じ記号を重複して使用してよい。ただし、［空気圧回路図］中に記号IとOは使用していない。

　　手動操作弁（　①　）を押して自動回路に切り換えた後、手動操作弁（　②　）を押すと、自動運転がスタートする。シリンダ(1)が前進端に到達し、リミットバルブ　B　を切り換えると、パイロット圧は、リミットバルブ（　③　）及び空気圧操作弁（　④　）を通過し、空気圧操作弁　F　を切り換える。これによって、シリンダ(2)が前進し、前進端でリミットバルブ　D　を切り換える。リミットバルブ　D　を通過したパイロット圧は、空気圧操作弁（　⑤　）及び空気圧操作弁　F　を切り換え、シリンダ(2)は後退を始める。後退端でリミットバルブ　C　を切り換えると、これを通過したパイロット圧は、空気圧操作弁　E　を切り換え、シリンダ(1)を後退させる。シリンダ(1)が後退端に到達した後、リミットバルブ　A　を通過したパイロット圧が空気圧操作弁　G　を通してスタート信号となり、この自動サイクルは継続する。サイクルを停止させるには、手動操作弁（　⑥　）を押せばよい。シリンダ(1)及びシリンダ(2)ともに、後退端である原点に到達した後停止する。

　　自動運転中に不具合があった場合は、手動操作弁（　⑦　）を押せば、システムは次工程に移ることなく停止する。不具合を取り除いた後、自動運転を再開するには、スタート操作前にシリンダ(1)及びシリンダ(2)と各操作弁の状態を初期状態に戻す必要がある。手動操作弁（　⑧　）を操作すれば、停止前の状態にかかわらず、システムを初期状態に復帰させることができる。また、各々のシリンダを個別に操作することも可能である。シリンダ(2)を前進させたいときは、手動操作弁（　⑨　）を押せばよい。

設問2　［空気圧回路図］中の機器Zに該当する空気圧図記号として適切なものを、下記の［図記号群］から一つ選び、解答欄に記号で答えなさい。

［図記号群］

| 記号 | 図記号 | 記号 | 図記号 |
|---|---|---|---|
| ア | | オ | |
| イ | | カ | |
| ウ | | キ | |
| エ | | ク | |

## 問題2

　以下の空気圧回路図は、負荷の上昇、下降用に複動形空気圧シリンダを用い、このシリンダの中間停止時に負荷が動かないように、押さえとして単動形空気圧シリンダを用いた装置である。この装置に関する次の各設問に答えなさい。ただし、当初は以下の【条件】で装置を考えていたものとする。

```
[条件]
負 荷 質 量：60kg          大  気  圧：0.1MPa abs
上下ストローク：250mm        重 力 加 速 度：9.8m/s²
作 動 頻 度：3min⁻¹         円  周  率：3.14
使 用 圧 力：0.5MPa G
```

[空気圧回路図]

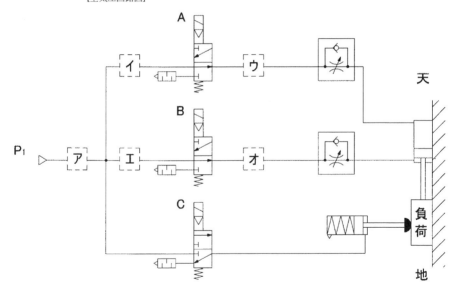

設問1　全ての電磁弁を非通電にした中間停止時に、3ポート電磁弁Cだけを通電したところ、負荷が高速で下降し位置ずれを起こした。これを防止する目的として下図で表される減圧弁を設置する場合、適切な設置場所を[空気圧回路図]中のア〜オから一つ選び、解答欄に記号で答えなさい。

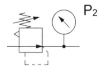

設問2　複動形空気圧シリンダは、シリンダチューブ内径63mm、ピストンロッド径20mmであり、シリンダ力に余裕がある。よって、使用圧力$P_1$を変更し、空気消費量を削減する。下向きの負荷力に対する上昇方向のシリンダ力が2倍になる使用圧力$P_1$[MPa G]を求め、解答欄に記入しなさい。ただし、ピストンとピストンロッドの自重及び摩擦は考慮しないものとする。

　　なお、計算に当たっては、計算途中における数値の切捨て、切上げ及び四捨五入は行わず、最終計算値の小数点第3位を四捨五入して、小数点第2位までの数値で答えなさい。

設問3　使用圧力$P_1$を設問2の正解の圧力としたとき、上下方向に働く力が均等となるようにバランスさせるため、設問1で設置した減圧弁に設定する圧力$P_2$[MPa G]を求め、解答欄に記入しなさい。ただし、ピストンとピストンロッドの自重及び摩擦は考慮しないものとする。

　　なお、計算に当たっては、計算途中における数値の切捨て、切上げ及び四捨五入は行わず、最終計算値の小数点第3位を四捨五入して、小数点第2位までの数値で答えなさい。

設問4　この複動形空気圧シリンダが、設問2及び設問3の正解の圧力$P_1$及び$P_2$で一往復したときの空気消費量$Q$[dm³(ANR)]を求め、解答欄に記入しなさい。ただし、単動形空気圧シリンダ及び配管の空気消費量は含まないものとする。

　　なお、計算に当たっては、計算途中における数値の切捨て、切上げ及び四捨五入は行わず、最終計算値の小数点第3位を四捨五入して、小数点第2位までの数値で答えなさい。

設問5　このシステムを1日8時間連続で稼動させたとき、複動形空気圧シリンダの空気消費量が50m³(ANR)を超えるのは稼動開始から何日目か、整数値で答えなさい。ただし、空気消費量は設問4で求めた正解値$Q$を使うものとする。

## 問題3

下図は［空気圧プレス装置の概略図］である。また、［表 1］はこの装置の作動順序を、［表 2］は装置の仕様を示したものである。次の各設問に答えなさい。

［空気圧プレス装置の概略図］

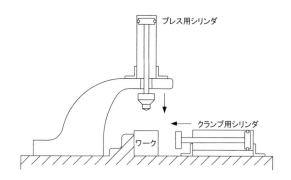

［表1］作動順序

| |
| --- |
| 1　ワークをテーブルに載せ、スタートボタンを押す。 |
| 2　クランプ用シリンダが前進して、ワークを押さえる。 |
| 3　プレス用シリンダが下降して、ワークをプレスする。 |
| 4　プレス用シリンダが上昇して、上昇端に達する。 |
| 5　クランプ用シリンダが後退して、ワークは開放されて作業を終了する。 |

［表2］仕様

| 項目 | プレス用シリンダ | クランプ用シリンダ |
| --- | --- | --- |
| シリンダ出力 | 3000 N | 400 N |
| シリンダ速度 | 上昇　200 mm／s | 前進　100 mm／s |
| | 下降　100 mm／s | 後退　200 mm／s |
| シリンダストローク | 100 mm | 50 mm |
| 使用空気圧力 | 0.5 MPaG | 0.5 MPaG |

設問1　プレス用シリンダ及びクランプ用シリンダのチューブ内径として適切なものを、下記の［数値群］からそれぞれ一つずつ選び、解答欄に記号で答えなさい。ただし、両シリンダとも、シリンダ効率は80%、円周率は3.14として計算すること。

［数値群］

| 記号 | チューブ内径 |
|------|------------|
| ア | 40 mm |
| イ | 50 mm |
| ウ | 63 mm |
| エ | 80 mm |
| オ | 100 mm |

設問2　下図は空気圧プレス装置の［空気圧回路図］である。この装置のプレス用シリンダ及びクランプ用シリンダのタイムチャートを前述の［表1］の作動順序に従って作成した場合、タイムチャートとして適切なものを、次ページの［タイムチャート群］から一つ選び、解答欄に記号で答えなさい。

［空気圧回路図］

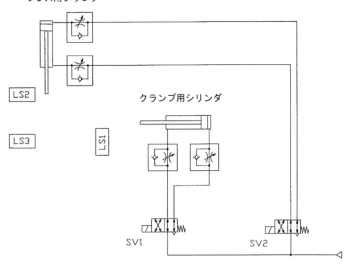

[タイムチャート群]

| 記号 | タイムチャート | 記号 | タイムチャート |
|---|---|---|---|
| ア | プレス用シリンダ ストローク mm<br>クランプ用シリンダ ストローク mm | エ | プレス用シリンダ ストローク mm<br>クランプ用シリンダ ストローク mm |
| イ | プレス用シリンダ ストローク mm<br>クランプ用シリンダ ストローク mm | オ | プレス用シリンダ ストローク mm<br>クランプ用シリンダ ストローク mm |
| ウ | プレス用シリンダ ストローク mm<br>クランプ用シリンダ ストローク mm | カ | プレス用シリンダ ストローク mm<br>クランプ用シリンダ ストローク mm |

設問3　設問2で示した空気圧プレス装置の操作を行うときの電気制御回路図として適切なものを、下記の
　　　　［電気制御回路図群］から一つ選び、解答欄に記号で答えなさい。


［電気制御回路図群］

| 記号 | 電気制御回路図 | 記号 | 電気制御回路図 |
|---|---|---|---|
| ア | PB　LS2　CR1<br>CR1　CR3<br>CR1　SV1<br>LS1　CR1　CR2<br>CR2　CR3　SV2<br>LS3　CR2　CR3<br>CR3 | ウ | PB　LS2　CR1<br>CR1　CR3<br>CR1　SV1<br>LS1　CR1　CR2<br>CR2　CR3　SV2<br>LS3　CR2　CR3<br>CR3 |
| イ | PB　LS2　CR1<br>CR1　CR3<br>CR1　SV1<br>LS1　CR1　CR2<br>CR2　CR3　SV2<br>LS3　CR2　CR3<br>CR3 | エ | PB　LS2　CR1<br>CR1　CR3<br>CR1　SV1<br>LS1　CR1　CR2<br>CR2　CR3　SV2<br>LS3　CR2　CR3<br>CR3 |

| | |
|---|---|
| ⊏⊐ | CR1~CR3 ： リレーのコイル |
| ⊏⊐ | SV1~SV2 ： バルブのソレノイドコイル |
| | 押しボタンスイッチ |
| | リレー（メーク接点） |
| | リレー（ブレーク接点） |
| | リミットスイッチ（メーク接点） |
| | リミットスイッチ（ブレーク接点） |

## 問題4

　下図の［空気圧回路図］に基づきワーク検出装置を配管したところ、次ページの［図―A］のようになった。しかし、試運転の結果、下記の［不具合現象］が発生したため、確認したところ、各機器間の配管接続口のうち2か所が誤っていることが判明した。

　　［図―A］中の配管接続口①～㉓の中から、誤っている箇所を二つ選び、解答欄に番号で答えなさい。

ただし、［空気圧回路図］は適切であるものとする。

［空気圧回路図］

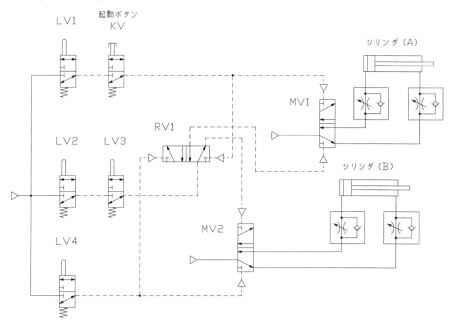

［　不具合現象　］

　　起動ボタンKVを押すとシリンダ(A)が前進し、前進端でシリンダ(B)が動き始めた。シリンダ(B)が動き始めると共に空気が漏れる音が聞こえるようになった。しかし、シリンダ(B)は予定通り前進端に達し、その後後退を始めた。シリンダ(B)が後退端に到達すると共に空気の漏れる音は止まり、シリンダ(A)が後退を始めた。

　　動作の順序に誤りは無かったが、空気の漏れる音が大きく不具合である。ただし、シリンダ及びバルブの不良、配管のゆるみ等による空気の漏れは無いものとする。

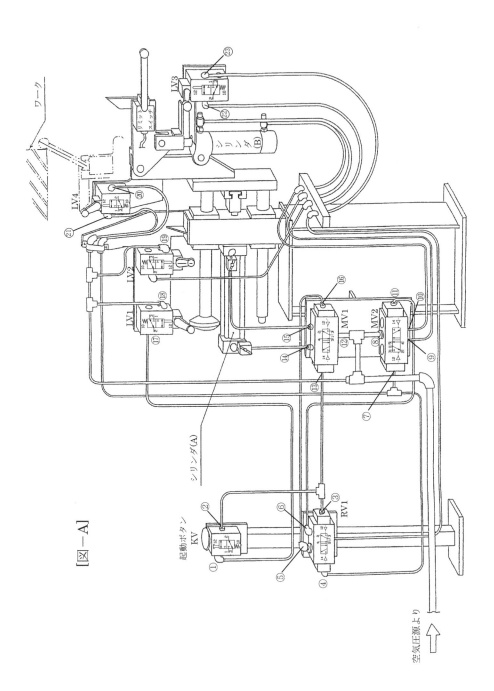

[図－A]

## 問題5

スイッチの検知位置調整に関する下記の記述中の（　①　）～（　⑤　）内に当てはまる語句として適切なものを、下記の［語群］からそれぞれ一つずつ選び、解答欄に記号で答えなさい。ただし、同じ記号は重複して使用しないこと。

シリンダに取り付けられる位置検出用のスイッチは、一般に、シリンダ内部に組み込まれた磁石による磁界の変化を検出している。磁気近接スイッチの動作を表す特性値として、（　①　）、応差及び最高感度位置等がある。

片ロッド形シリンダのピストンロッドが完全に引き込まれた状態の検出を行う場合、ピストンロッドを引き込み側のストローク端に合わせて停止させ、その状態でスイッチをシリンダチューブのキャップ側からロッド側に向かって移動させるが、このとき、スイッチが磁界を検知して「ON」となる。この位置をXとする。

さらに、同方向にスイッチの移動を続けると、やがてスイッチは「OFF」となる。この位置をYとする。

ここで、これまでとは逆方向にスイッチを移動すると、位置Yを通過した後、スイッチは「ON」の状態となる。この「ON」した位置をZとする。

このときの（　②　）の間の距離を応差と呼び、この値は、一般に（　③　）のスイッチのほうが（　④　）のスイッチよりも大きな値になる。また、スイッチの理想的な最高感度位置は（　⑤　）にあることを考慮に入れて、スイッチの設定位置を決定する。

［語群］

| 記号 | 語句 | 記号 | 語句 |
|---|---|---|---|
| ア | 動作範囲 | ク | 位置Xと位置Y |
| イ | チャタリング | ケ | 位置Yと位置Z |
| ウ | 中間停止 | コ | 位置Xと位置Z |
| エ | 有接点形 | サ | 無接点形 |
| オ | 位置X | シ | 位置Xと位置Yの中央 |
| カ | 位置Y | ス | 位置Yと位置Zの中央 |
| キ | 位置Z | セ | 位置Xと位置Zの中央 |

## 問題6

下記の①〜⑧に示す［空気圧回路の不具合現象］について、原因として考えられるものを、下記の［語群］からそれぞれ一つずつ選び、解答欄に記号で答えなさい。ただし、同じ記号は重複して使用しないこと。

| 番号 | 空気圧回路の不具合現象 |
|---|---|
| ① | シリアル伝送を使用した電磁弁が誤作動した。 |
| ② | エアブローラインの空気中に、オイルミストが混入していて問題となった。 |
| ③ | 空気圧シリンダのロッドパッキンが短期間に破損して、空気漏れが生じた。 |
| ④ | エアモータの寿命が極端に短かった。 |
| ⑤ | 空気圧フィルタの出口側にドレンが出てきた。 |
| ⑥ | 電磁弁に通電したら、電磁弁の排気ポートから多量の空気漏れが生じ、電磁弁が切り換わらない状態となった。 |
| ⑦ | 動作回数が増すにしたがって、空気圧シリンダの速度が徐々に低下してきた。 |
| ⑧ | 空気圧縮機の吐出空気量に余裕があるので負荷を少し増やしたところ、使用端での圧力降下が大きくなった。 |

［語群］

| 記号 | 原　　因 |
|---|---|
| ア | 低温環境で高頻度に作動させたため、消音器の内部でドレンが凍結していた。 |
| イ | 主弁にシールテープが噛み込んでいた。 |
| ウ | クッションバルブの調整がされていなかった。 |
| エ | 特殊な溶液がピストンロッド部にかかり、パッキンの材質を侵していた。 |
| オ | モータなどの動力線と共に信号線を配線していた。 |
| カ | 電圧がソレノイドの許容値よりも上昇していた。 |
| キ | アクチュエータへの給油が不足していた。 |
| ク | 主配管の径が細すぎた。 |
| ケ | ルブリケータによってシリンダに給油している配管系と同じ配管系を使用していた。 |
| コ | シリンダの容積に対し、シリンダと速度制御弁の間の配管容積が大きかった。 |
| サ | フィルタのサイズが小さすぎて、空気圧フィルタの適正流量域を超えていた。 |

# 平成30年度 技能検定

# 1級 空気圧装置組立て（空気圧装置組立て作業）

# 実技試験（計画立案等作業試験）問題

## 1 試験時間

2時間

## 2 注意事項

（1） 係員の指示があるまで、この表紙はあけないでください。

（2） 解答用紙に、受検番号及び氏名を必ず記入してください。

（3） 係員の指示に従って、この試験問題が表紙を含めて**9**ページであることを確認してください。
それらに異常がある場合は、黙って手を挙げてください。

（4） 試験開始の合図で始めてください。

（5） 解答は、解答用紙の解答欄へ記入してください。
なお、要求している解答以外は記入しないでください。

（6） 試験中、携帯電話(電卓機能の使用を含む)等の使用を禁止とします。

（7） 試験中、質問があるときは、黙って手を挙げてください。ただし、試験問題の内容、漢字の読み方等に関する質問にはお答えできません。

（8） 試験終了時刻前に解答ができあがった場合は、黙って手を挙げて、係員の指示に従ってください。

（9） 試験中に手洗いに立ちたいときは、黙って手を挙げて、係員の指示に従ってください。

（10） 試験終了の合図があったら、筆記用具を置き、係員の指示に従ってください。

（11） 試験終了後、解答用紙を提出してください。

（12） 計算等は、問題用紙の余白又は裏面を使用して行ってください。

## 3 試験に使用できる用具等一覧

| 品　　　名 | 寸法又は規格 | 数量 | 備　　　考 |
|---|---|---|---|
| 筆記用具 | 鉛筆、消しゴム等 | 一式 | |
| 電子式卓上計算機 | 電池式(太陽電池式含む) | 1 | 関数電卓可(ただし、プログラム機能付きのものは不可) |

## 問題1

下図は、複動空気圧シリンダを使ったリフタ装置に、引込み単動空気圧シリンダを使ったブレーキ機構を付属した装置の空気圧回路図である。一台の手動弁で上下駆動及び中間停止操作を行う全空気圧回路であり、中間停止後のブレーキ解除に続く駆動動作に飛び出しがあってはならない。この条件を満たすように、空気圧回路図中 A〜E 枠に当てはまる機器の JIS 記号を [図記号群] から一つずつ選び、解答欄に記号で答えなさい。ただし、同じ記号を重複して使用してもよい。

[空気圧回路図]

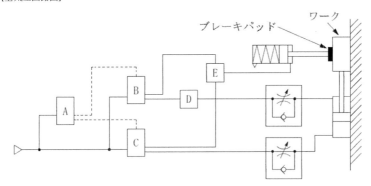

［図記号群］

| 記号 | 図記号 | 記号 | 図記号 | 記号 | 図記号 |
|---|---|---|---|---|---|
| ア | | イ | | ウ | |
| エ | | オ | | カ | |
| キ | | ク | | ケ | |
| コ | | サ | | シ | |
| ス | | セ | | ソ | |
| タ | | チ | | ツ | |

## 問題2

　下図は、テーブルとワークを上昇させ、その上昇限でワークの受渡しに使用するリフタ装置である。このリフタ装置を基に次の各設問に答えなさい。ただし、円周率= 3.14、シリンダの効率= 100%、大気圧= 0.1 MPa(abs)、重力加速度= 9.8 m/s² とする。また、下記設問において、解答として求めた数値を繰返して計算に用いる場合は、数値群から選んだ数値を用いること。

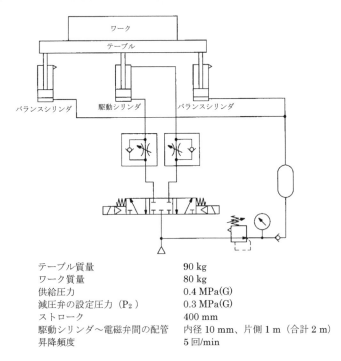

| | |
|---|---|
| テーブル質量 | 90 kg |
| ワーク質量 | 80 kg |
| 供給圧力 | 0.4 MPa(G) |
| 減圧弁の設定圧力（$P_2$） | 0.3 MPa(G) |
| ストローク | 400 mm |
| 駆動シリンダ～電磁弁間の配管 | 内径 10 mm、片側 1 m（合計 2 m） |
| 昇降頻度 | 5 回/min |

設問 1　上昇限において、テーブル質量の 80 % に相当する出力を発生するバランスシリンダの内径(mm)に最も近い数値を[数値群]から一つ選び、解答欄に記号で答えなさい。

設問 2　上昇限における負荷率が、50 % 以下になる駆動シリンダの最小内径(mm)を[数値群]から一つ選び、解答欄に記号で答えなさい。

設問 3　下降限でのバランスシリンダ内圧力を $P_1$ としたとき、$\triangle P = P_1 - P_2 = 0.05$ MPa となるタンク容量[ L：リットル]に最も近い数値を[数値群]から一つ選び、解答欄に記号で答えなさい。ただし、逆止弁～バランスシリンダ間の配管容積は無視する。

設問 4　このリフタ装置の空気消費量[ L/min(ANR)]に最も近い数値を[数値群]から一つ選び、解答欄に記号で答えなさい。ただし、ピストンロッド径は 25 mm とする。
　　　　なお、配管容積を考慮すること。

［数値群］

| 記号 | 数値 | 記号 | 数値 | 記号 | 数値 | 記号 | 数値 | 記号 | 数値 |
|---|---|---|---|---|---|---|---|---|---|
| ア | 6 | イ | 8 | ウ | 10 | エ | 12 | オ | 16 |
| カ | 20 | キ | 25 | ク | 32 | ケ | 40 | コ | 50 |
| サ | 63 | シ | 80 | ス | 100 | セ | 125 | ソ | 160 |

## 問題3

空気圧装置に使用するプログラマブルコントローラ(PLC)への接続方法に関する記述として、文中の( ① )～( ⑤ )に当てはまる最も適切な語句を[語群]から一つずつ選び、解答欄に記号で答えなさい。

入力機器が PLC の入力ユニットへ正しく接続されているかチェックするには、入力機器を作動させて、入力ユニットの( ① )が点灯するかを確認する。シリンダスイッチは、空気圧を供給しないで手動で確認する場合と、空気圧を供給して動作させた場合では、停止位置がずれる場合があるので注意を要する。

入力機器で、リミットスイッチや押しボタンスイッチなどの有接点タイプへの配線は、極性に関係なく接続できるが、有接点タイプの( ② )を使用したシリンダスイッチには、一般的に、( ① )や保護用の( ③ )が付いているので、極性には注意を要する。無接点タイプのシリンダスイッチには、( ④ )タイプと( ⑤ )タイプがあるので、PLC の入力ユニットの種類によって使い分ける必要がある。

[語群]

| 記号 | 語句 | 記号 | 語句 | 記号 | 語句 | 記号 | 語句 |
|---|---|---|---|---|---|---|---|
| ア | メーク接点 | イ | ブレーク接点 | ウ | LED | エ | NPN |
| オ | PNP | カ | エアスイッチ | キ | コイル | ク | ダイオード |
| ケ | ヒューズ | コ | フォトカプラ | サ | ホール素子 | シ | リードスイッチ |

## 問題4

　下図は、圧縮空気の汚染管理を目的とした機器構成を示す空気圧回路系図である。この図中における A
〜E に該当する機器の名称を[語群Ⅰ]から、また、これらの機器の目的を[語群Ⅱ]からそれぞれ一つずつ
選び、解答欄に記号又は番号で答えなさい。

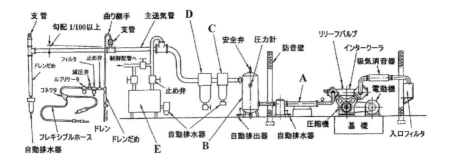

[語群Ⅰ]

| 記号 | 機器の名称 |
|---|---|
| ア | アフタクーラ |
| イ | エアドライヤ |
| ウ | 空気タンク |
| エ | メイン空気圧フィルタ |
| オ | メインオイルミストセパレータ |

[語群Ⅱ]

| 番号 | 機器の目的 |
|---|---|
| 1 | 圧縮機から吐出された空気を冷却するために使用する熱交換器 |
| 2 | 圧縮空気に含まれる水蒸気を減少させる |
| 3 | 一時的に多量の圧縮空気が使用されても空気圧の低下を最小限にとどめ、空気圧システムの安定に寄与する |
| 4 | 主送気管内の圧縮空気中の油霧を分離除去する |
| 5 | 主送気管内の圧縮空気中に含まれるドレン及び微細な固形物を遠心力やろ過作用などで分離除去する |

## 問題5

下表の番号1〜12は、空気圧装置の組立てが完成し、作動調整から自動運転へ移行するときの点検調整項目を示したものである。これらを点検調整の手順として並べた場合、最も適切なものを[順序群]から一つ選び、解答欄に記号で答えなさい。

| 番号 | 点検調整項目 |
|---|---|
| 1 | リミットスイッチ、リミットバルブ類の検出調整を行う |
| 2 | 空気圧供給用ストップバルブを開く |
| 3 | 負荷を加えてアクチュエータの速度調整及びクッションニードル調整を行う |
| 4 | 空気圧供給用の減圧弁の圧力を調整する |
| 5 | ルブリケータの潤滑油の滴下量を調整する |
| 6 | 各個別回路及び非常停止回路の確認を行う |
| 7 | 連続運転を行う |
| 8 | アクチュエータが低速で動くように、速度制御弁を調整する |
| 9 | アクチュエータのストッパの最終調整を行う |
| 10 | 可動するホースの張り具合、こすれの点検を行う |
| 11 | 全ての速度制御弁を全閉にする |
| 12 | 装置内に工具、残留異物等がないか確認する |

[順序群]

| 記号 | 点検調整手順 |
|---|---|
| ア | 12→11→2→7→10→4→8→9→1→6→3→5 |
| イ | 2→4→8→9→3→10→1→11→12→6→7→5 |
| ウ | 6→12→11→4→2→8→9→7→1→10→3→5 |
| エ | 12→11→2→4→8→9→1→10→3→6→7→5 |
| オ | 11→12→7→2→1→10→3→6→8→9→4→5 |
| カ | 2→4→8→9→11→12→1→10→3→6→7→5 |

## 問題6

　右の図は、あるリフタ装置の空気圧回路図である。この装置において、リフタ上限で非常停止して電源が落ちると、バルブのリークによって、リフタが徐々に下降してくることがわかった。この改善案として適切な回路を［空気圧回路図群］から一つ選び、解答欄に記号で答えなさい。

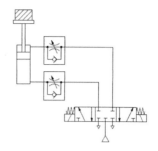

［空気圧回路図群］

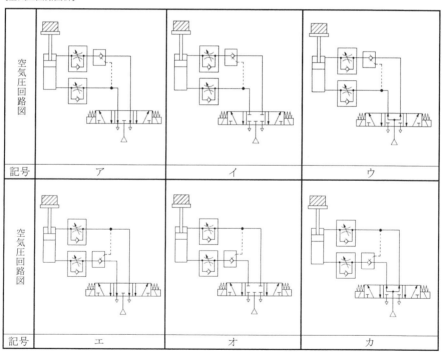

# 平成29年度 技能検定

# 1級 空気圧装置組立て（空気圧装置組立て作業）

# 実技試験（計画立案等作業試験）問題

## 1 試験時間

2時間

## 2 注意事項

（1） 係員の指示があるまで、この表紙はあけないでください。

（2） 解答用紙に、受検番号及び氏名を必ず記入してください。

（3） 係員の指示に従って、この試験問題が表紙を含めて9ページであることを確認してください。
それらに異常がある場合は、黙って手を挙げてください。

（4） 試験開始の合図で始めてください。

（5） 解答は、解答用紙の解答欄へ記入してください。
なお、要求している解答以外は記入しないでください。

（6） 試験中、携帯電話(電卓機能の使用を含む)等の使用を禁止とします。

（7） 試験中、質問があるときは、黙って手を挙げてください。ただし、試験問題の内容、漢字の読み方等に関する質問にはお答えできません。

（8） 試験終了時刻前に解答ができあがった場合は、黙って手を挙げて、係員の指示に従ってください。

（9） 試験中に手洗いに立ちたいときは、黙って手を挙げて、係員の指示に従ってください。

（10） 試験終了の合図があったら、筆記用具を置き、係員の指示に従ってください。

（11） 試験終了後、解答用紙を提出してください。

（12） 計算等は、問題用紙の余白又は裏面を使用して行ってください。

## 3 試験に使用できる用具等一覧

| 品 名 | 寸法又は規格 | 数量 | 備 考 |
|---|---|---|---|
| 筆記用具 | 鉛筆、消しゴム等 | 一式 | |
| 電子式卓上計算機 | 電池式(太陽電池式含む) | 1 | 関数電卓可(ただし、プログラム機能付きのものは不可) |

## 問題1

　図1の空気圧回路図は、押しボタン式切換弁のスタート信号によりスタートし、押しボタン式切換弁の
ストップ信号が入力されるまで、シリンダ(I)・シリンダ(II)が図2のタイムチャートに示すシーケンス
動作を連続して繰り返す回路で、一部配管がつながっていない状態を表している。

　また、シリンダ(I)・シリンダ(II)のシリンダロッド前進端及び後退端に設けられたリミットバルブの
信号により、次のステップに進むシーケンス動作を行わせている。これらを基にして次の各設問に答えな
さい。

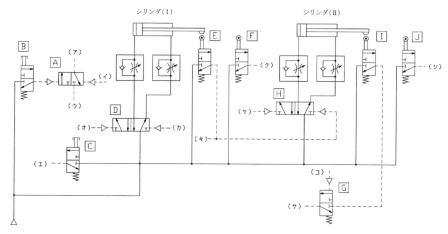

図1　空気圧回路図

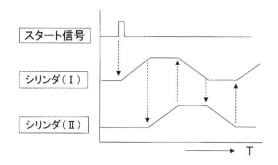

図2　タイムチャート

設問1　文中の（　①　）～（　⑩　）に当てはまるバルブを、図1の空気圧回路図中の　A　～　J　の中から
　　　　一つずつ選び、解答欄に記号で答えなさい。

　　　押しボタン式切換弁（　①　）によりスタート信号が入力されると補助バルブ（　②　）が切り換
　　わり、このバルブを通ったパイロット圧はマスタバルブ（　③　）を切り換えシリンダ(Ⅰ)は前進
　　する。前進端でリミットバルブ（　④　）を切り換えるとパイロット圧はマスタバルブ（　⑤　）を
　　切り換えシリンダ(Ⅱ)は前進する。シリンダ(Ⅱ)の前進端のリミットバルブ（　⑥　）の信号を受け
　　てシリンダ(Ⅰ)は後退を開始する。シリンダ(Ⅰ)が後退端のリミットバルブ（　⑦　）を切り換える
　　と、この信号によりシリンダ(Ⅱ)は後退を開始する。シリンダ(Ⅱ)が後退し後退端のリミットバ
　　ルブ（　⑧　）を切り換えると、この信号により再びシリンダ(Ⅰ)が前進を開始し、以後このシー
　　ケンス動作を繰り返す。連続動作を止めるには、バルブ（　⑨　）によりストップ信号を入力する。
　　ストップ信号が入力された後、1サイクル終了後に停止する。
　　　また、本回路は、両シリンダが原点である後退端になければシリンダ(Ⅰ)がスタートしないイ
　　ンターロック回路をバルブ（　⑩　）を使い構成している。


設問2　設問1の文を参考に、図1に示す空気圧回路図におけるパイロット配管を完成させなさい。
　　　　なお、配管箇所は図1に示す(ア)～(シ)とし、例えば(ア)と(イ)をつなぐ場合　ア－イ　のよう
　　　　に組み合わせて解答欄に記号で答えなさい。

## 問題2

　以下の空気圧回路図は、負荷の上昇、下降用に複動形空気圧シリンダを用い、このシリンダの中間停止時に負荷が動かないように、押さえとして単動形空気圧シリンダを用いた装置である。この装置に関する次の各設問に答えなさい。ただし、当初は以下の[条件]で装置を考えていたものとする。

[条件]

| | |
|---|---|
| 負 荷 質 量：50kg | 大 気 圧：0.1MPa abs |
| 上下ストローク：250mm | 重 力 加 速 度：9.8m/s² |
| 作 動 頻 度：3min⁻¹ | 円 周 率：3.14 |
| 使 用 圧 力：0.4MPa G | |

[空気圧回路図]

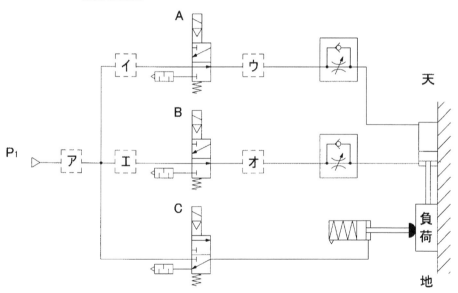

設問1　全ての電磁弁を非通電にした中間停止時に、3ポート電磁弁Cだけを通電したところ、負荷が高速で下降し位置ずれを起こした。これを防止する目的として下図で表される減圧弁を設置する場合、適切な設置場所を[空気圧回路図]中のア〜オから一つ選び、解答欄に記号で答えなさい。

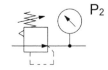

設問2　複動形空気圧シリンダは、シリンダチューブ内径63mm、ピストンロッド径20mmであり、シリンダ力に余裕がある。よって、使用圧力$P_1$を変更し、空気消費量を削減する。下向きの負荷力に対する上昇方向のシリンダ力が2倍になる使用圧力$P_1$(MPa G)を求め、解答欄に記入しなさい。ただし、ピストンとピストンロッドの自重及び摩擦は考慮しないものとする。

　　なお、計算に当たっては、計算途中における数値の切捨て、切り上げ及び四捨五入は行わず、最終計算値の小数第3位を四捨五入して、小数第2位までの数値で答えなさい。

設問3　使用圧力$P_1$を設問2の正解の圧力としたとき、上下方向に働く力が均等となるようにバランスさせるため、設問1で設置した減圧弁に設定する圧力$P_2$(MPa G)を求め、解答欄に記入しなさい。ただし、ピストンとピストンロッドの自重及び摩擦は考慮しないものとする。

　　なお、計算に当たっては、計算途中における数値の切捨て、切り上げ及び四捨五入は行わず、最終計算値の小数第3位を四捨五入して、小数第2位までの数値で答えなさい。

設問4　この複動形空気圧シリンダが、設問2及び設問3の正解の圧力$P_1$及び$P_2$で一往復したときの空気消費量$Q$(dm³(ANR))を求め、解答欄に記入しなさい。ただし、単動形空気圧シリンダ及び配管の空気消費量は含まないものとする。

　　なお、計算に当たっては、計算途中における数値の切捨て、切り上げ及び四捨五入は行わず、最終計算値の小数第3位を四捨五入して、小数第2位までの数値で答えなさい。

設問5　このシステムを1日8時間連続で稼動させたとき、複動形空気圧シリンダの空気消費量が50(m³(ANR))を超えるのは稼動開始から何日目か、整数値で答えなさい。ただし、空気消費量は設問4で求めた正解値$Q$を使うものとする。

## 問題3

　防爆環境の下で水平に取り付けられた両ロッドシリンダの遠隔操作について、下図のような A、B、C 及び D 案の 4 提案があった。これらの案を参照しながら、文中の（　①　）～（　⑤　）に当てはまる適切な語句を、下記の［語群］ア～ソの中から一つずつ選び、解答欄に記号で答えなさい。ただし、同じ記号は重複して使用しないこと。

　どの案も防爆領域での電気の使用を避け、A、B 及び C 案は主弁に 5 ポート 3 位置弁を使用し、D 案は 3 ポート 2 位置弁 2 個を使用している。省エネルギーを考慮すると、B 案はシリンダ、切換弁間の配管が長く、空気消費量は他の 3 案に比べて（　①　）。パイロット電磁弁に A 案と D 案は 3 ポート 2 位置弁 2 個を、C 案は（　②　）5 ポート 3 位置弁を使用しているので、C 案も機能的には他案と同等になる。

　どの回路も中間停止位置精度は悪く、また、中間停止後の再起動は設定速度と比べ、（　③　）速度でピストンが移動する。それを防止するために、D 案は主弁に 3 ポート 2 位置弁 2 個を使用し、両方のパイロット電磁弁を励磁（れいじ）してピストン両側に供給圧力を導くことで、圧縮空気をシリンダに充填することができる。次いで（　④　）側のパイロット電磁弁を OFF することで、充填された圧縮空気による速度制御が可能になる。以上のことから、省エネルギーを考慮した場合は A、C 及び D 案を良しとし、さらに、安全性を考慮して（　⑤　）を採用することとした。

| A案 | B案 | C案 | D案 |

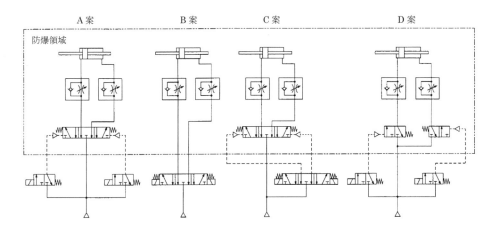

［語群］

| 記号 | 語句 | 記号 | 語句 | 記号 | 語句 | 記号 | 語句 | 記号 | 語句 |
|---|---|---|---|---|---|---|---|---|---|
| ア | A案 | イ | B案 | ウ | C案 | エ | D案 | オ | エキゾーストセンタ |
| カ | 供給 | キ | 排気 | ク | 速い | ケ | 遅い | コ | プレッシャセンタ |
| サ | 多い | シ | 少ない | ス | 負荷 | セ | 同等の | ソ | クローズドセンタ |

## 問題4

　下図に示すように空気圧シリンダと電磁弁とを取り付けた。この空気圧シリンダと電磁弁との間を一点鎖線で示すように鋼管で配管する場合、[配管部材群]に示す①〜⑨の配管部材のそれぞれの必要個数を、解答欄に記入しなさい。

　なお、配管は@の部分で取外しが可能なものとする。また、必要のない配管部材には、解答個数を0個と記入すること。

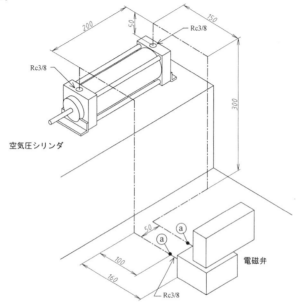

空気圧シリンダ

電磁弁

[配管部材群]

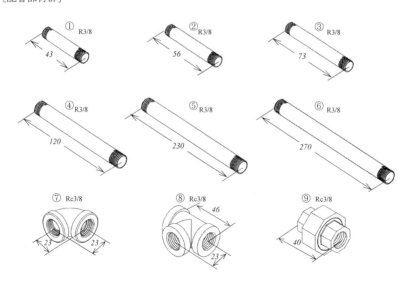

① R3/8　43

② R3/8　56

③ R3/8　73

④ R3/8　120

⑤ R3/8　230

⑥ R3/8　270

⑦ Rc3/8　23　23

⑧ Rc3/8　46　23

⑨ Rc3/8　40

## 問題5

　空気圧機器を使った自動組立装置の初期調整、シリンダ用スイッチの取付け調整に関する作業について、次の各設問に答えなさい。

　　設問1　初期調整における下記1〜4の各作業について、正しいものには○を、適切でないものには×を、解答欄に記入しなさい。

| 1 | ルブリケータの滴下油量を、空気圧シリンダの速度調整前に十分に油が供給されるように余裕をもって調整した。 |
|---|---|
| 2 | 速度制御弁の絞りを開放状態から始め、空気圧シリンダの動作を確認しながら徐々に速度を下げていった。 |
| 3 | 方向制御弁を使って動作を確認する前に、空気圧シリンダが動作してもジグ等に干渉しない事を確認した。 |
| 4 | 空気圧シリンダのエアクッションは製造元において調整されているので、初期調整を行わなかった。 |

　　設問2　下記1〜5のシリンダ用スイッチの取付けに関わる各調整作業について、正しいものには○を、適切でないものには×を、解答欄に記入しなさい。

| 1 | 周囲に大電流の流れる環境下でスイッチが誤動作する心配があったため、有接点スイッチから無接点スイッチに交換した。 |
|---|---|
| 2 | 繰返し曲げ力や引張り力がシリンダ用スイッチのリード線にできるだけ掛からないように配慮して配線した。 |
| 3 | シリンダ用スイッチをシリンダチューブの末端に固定した。 |
| 4 | シリンダ用スイッチにリレーや電磁弁などの誘導負荷を直接接続するので、スイッチが破損しないように負荷側に保護回路を設けた。 |
| 5 | シリンダ用スイッチの配線長さによって、応答時間の遅れやスイッチ破損につながるような問題は発生しない。 |

## 問題6

下図は、ワークの吸着搬送を行う［空気圧回路図］である。この回路について、以下の文中の（　①　）～（　⑩　）に当てはまる適切な語句を、［語群］の中から一つずつ選び解答欄に記号で答えなさい。

［空気圧回路図］

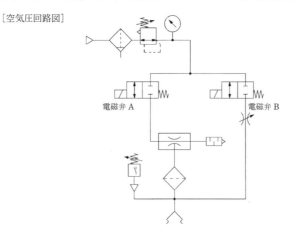

電磁弁A　　　　　　　　　　　　　　電磁弁B

　ワークの吸着工程において、真空吸着パッドをワークと接触させた後、（　①　）に通電してから真空圧力スイッチが（　②　）するまでの時間が当初よりもあきらかに長くなった。これは、外気に浮遊する異物やワークの剥離物を真空吸着パッドから吸引したことによる真空用フィルタの（　③　）の目詰りか、異物による消音器の（　④　）の目詰りが原因として考えられる。したがって、真空用フィルタの（　③　）や消音器は定期的に交換することが必要である。

　また、真空吸着パッドの摩耗や劣化が原因でワークとの（　⑤　）が低下し、前記同様の現象に至ることがある。よって、真空吸着パッドも消耗品として定期的に交換する必要があるが、交換サイクルが短い場合は、ワークへの押付け力が（　⑥　）すぎないか、（　⑦　）が使用環境に適合しているかを確認し、改善する必要もある。

　次に、ワークの離脱工程において、（　⑧　）に通電してから、圧力スイッチが（　⑨　）するまでの時間が当初よりもあきらかに長くなった。これは、異物による絞り弁の目詰まりが原因であり、速やかに清掃又は交換する必要がある。

　なお、静電気の発生するワークに対しては、（　⑩　）の真空吸着パッドを選定した方がよい。

［語群］

| 記号 | 語句 | 記号 | 語句 | 記号 | 語句 | 記号 | 語句 |
|---|---|---|---|---|---|---|---|
| ア | 強 | イ | 弱 | ウ | 気密性 | エ | 透過性 |
| オ | 材質 | カ | 流量 | キ | 粘着力 | ク | フィルタエレメント |
| ケ | 吸音材 | コ | エジェクタ | サ | 高温 | シ | 低温 |
| ス | ON | セ | OFF | ソ | 導電性材質 | タ | 絶縁性材質 |
| チ | 電磁弁A | ツ | 電磁弁B | | | | |

# 空気圧装置組立て

# 学科試験問題

# 令和元年度 技能検定
# 2級 空気圧装置組立て 学科試験問題
# （空気圧装置組立て作業）

1. 試験時間　1時間40分
2. 問題数　　50題(A群25題、B群25題)
3. 注意事項
   （1） 係員の指示があるまで、この表紙はあけないでください。
   （2） 答案用紙(真偽法と多肢択一法の併用)に検定職種名、作業名、級別、受検番号、氏名を必ず記入してください。
   （3） 係員の指示に従って、問題数を確かめてください。それらに異常がある場合は、黙って手を挙げてください。問題はA群(真偽法)とB群(多肢択一法)とに分かれています。
   （4） 試験開始の合図で始めてください。
   （5） 解答の方法(真偽法と多肢択一法の併用)は次のとおりです。
     イ． A群の問題(真偽法)は、一つ一つの問題の内容が正しいか、誤っているかを判断して解答してください。
     ロ． B群の問題(多肢択一法)は、正解と思うものを一つだけ選んで、解答してください。二つ以上に解答した場合は誤答となります。
     ハ． 答案用紙(マークシート用紙)へ解答する際は、答案用紙に記載されている注意事項に従ってください。
     ニ． 答案用紙の解答欄は、A群の問題とB群の問題とでは異なります。所定の解答欄に、試験問題の題数に応じて解答してください。解答欄はA群は50題まで、B群は25題まで解答できるようになっています。
   （6） 電子式卓上計算機その他これと同等の機能を有するものは、使用してはいけません。
   （7） 携帯電話等では、使用してはいけません。
   （8） 試験中、質問があるときは、黙って手を挙げてください。ただし、試験問題の内容、漢字の読み方等に関する質問にはお答えできません。
   （9） 試験終了時刻前に解答ができあがった場合は、黙って手を挙げて、係員の指示に従ってください。
   （10） 試験中に手洗いに立ちたいときは、黙って手を挙げて、係員の指示に従ってください。
   （11） 試験終了の合図があったら、筆記用具を置き、係員の指示に従ってください。

[A群(真偽法)]

1　空気の状態変化には、等温変化、断熱変化、ポリトロープ変化などがある。

2　パスカルの原理とは、密閉した静止流体がその一部に受けた圧力を増減することなく全ての部分に伝達するというものである。

3　交流ダブルソレノイド形の2位置直動電磁弁の両ソレノイドに同時に通電しても、使用上は差し支えない。

4　単動シリンダは、空気圧を両側に供給し、戻りは差圧を利用して行うものである。

5　マスタバルブのパイロット操作回路には、一般に、2ポート押ボタンバルブを用いる。

6　空気圧シリンダの飛出し防止方法の一つとして、メータイン回路がある。

7　シーケンス制御において、位置検出にはリミットスイッチ、リミットバルブ等を使用する。

8　日本工業規格(JIS)の「自動制御用語－一般」によれば、開ループ制御とは、フィードバックループがなく、制御量を考慮せずに操作量を決定する制御をいう。

9　最低使用圧力とは、個々の機器が作動を始める最低の圧力のことである。

10　ゲージ圧力とは、大気圧を基準として表した圧力の大きさである。

11　ブルドン管式圧力計は、一般に、絶対圧力を示す。

12　空気圧シリンダへ速度制御弁を取り付ける位置は、空気圧シリンダのポートに近いほど速度制御が行いやすい。

13　真空パッドによる理論吸着力は、パッドの吸着面積に使用真空圧力を乗じて算出する。

14　電気のナイフスイッチは素早く切ると火花が出やすいので、安全のためにはゆっくり切ることが望ましい。

15　シリンダのクッション調整でバウンド現象が発生したときには、クッションニードルをもう少し絞る必要がある。

16　無給油空気圧シリンダを使用する場合、エアドライヤで圧縮空気の水分を除けば、空気圧フィルタを用いなくてもよい。

[A群(真偽法)]

17 電磁弁と空気圧シリンダとの間に減圧弁を用いる場合は、減圧弁と並列に逆止め弁を接続する。

18 ルブリケータで潤滑を行っている無給油空気圧シリンダは、ルブリケータの油がなくなっても、継続して使用してよい。

19 目詰まりを起こしたフィルタエレメントを洗浄する場合には、ガソリンを使用するとよい。

20 内部パイロット形電磁弁における最低使用圧力は、一般に、1〜2MPaである。

21 空気圧装置で使用される配管接続ねじには、「管用テーパねじ」や「管用平行ねじ」などがある。

22 日本工業規格(JIS)によれば、下図は、差圧計を表す図記号である。

23 直流電圧200V、抵抗25Ωの電気回路に流れる電流は、8Aである。

24 三相誘導電動機では、電源端子のうちいずれか二相の結線を入れ換えると回転方向が逆転する。

25 労働安全衛生法関係法令によれば、機械間又はこれと他の設備との間に設ける通路については、幅80cm以上のものとしなければならないと規定されている。

[B群(多肢択一法)]

1 文中の(　)内に当てはまる数値として、適切なものはどれか。
日本工業規格(JIS)によれば、基準状態とは、温度(　)、絶対圧力101.3kPaでの乾燥気体の状態をいう。
　　イ　　0 ℃
　　ロ　15 ℃
　　ハ　20 ℃
　　ニ　25 ℃

2 一定の高圧力を保持する容器から、オリフィスを経て大気に放出する場合に関する記述として、正しいものはどれか。
　　イ　オリフィス径が大きいほど、流速は速い。
　　ロ　オリフィス径が小さいほど、流速は速い。
　　ハ　オリフィス径に関係なく、流速は一定である。
　　ニ　流速が最大となるオリフィス径がある。

3 空気圧フィルタに関する記述として、誤っているものはどれか。
　　イ　固形物の除去のために使用する。
　　ロ　遊離水分の分離のために使用する。
　　ハ　オイルベーパーの除去のために使用する。
　　ニ　臭気の除去はできない。

4 次の電気絶縁の耐熱クラスの指定文字のうち、最も高い耐熱温度のものはどれか。
　　イ　B
　　ロ　E
　　ハ　H
　　ニ　Y

5 文中の(　)内に当てはまる語句として、正しいものはどれか。
複動シリンダを駆動するために、ノーマルクローズ形3ポート電磁弁を2個用いて非通電時に同等な機能となる5ポート(　)電磁弁の代わりとした。
　　イ　ダブルソレノイド形2位置
　　ロ　クローズドセンタ形3位置
　　ハ　エキゾーストセンタ形3位置
　　ニ　プレッシャセンタ形3位置

6 4個の入力ポートと1個の出力ポートを持つ空気圧回路において、入力ポートの1個以上に入力が加えられたとき、出力信号を得るために必要なシャトル弁の数として正しいものはどれか。
　　イ　2 個
　　ロ　3 個
　　ハ　4 個
　　ニ　5 個

7 下図のアナログ信号とそれに対応した各種パルス変調信号の中で、パルス幅変調(PWM)信号はどれか。

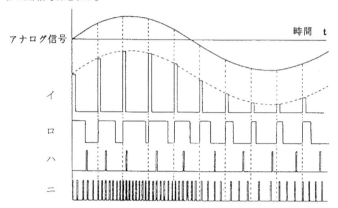

8 空油変換回路に関する記述として、誤っているものはどれか。
  イ 空気圧回路中でアクチュエータを油圧で作動させるために用いる。
  ロ 空油変換器を用い空気圧を油圧に変換し、低速の制御ができる。
  ハ アクチュエータが中間停止する場合、空気圧と比較して停止精度が高い。
  ニ 空油変換器を用い空気圧を油圧に変換し、空気圧より高い圧力が出せる。

9 空気圧機器のシャトル弁に関する記述として、適切なものはどれか。
  イ 一方向にだけ流体の流れを許し、反対方向には流れを阻止する。
  ロ 2つの入口と、1つの共通の出口を持つ弁である。
  ハ 排気側の背圧を、すばやく取り去るような急速排気が必要なときに用いる。
  ニ 弁座や弁の耐久性を向上させるために、弁にばねが組み込まれている。

10 空気圧シリンダで、負荷が揺動運動する場合の取付形式として、次のうち、適切なものはどれか。
  イ フート形
  ロ トラニオン形
  ハ タイロッド形
  ニ フランジ形

11 測定器に関する記述として、正しいものはどれか。
  イ ダイヤルゲージの機構部には、定期的に注油する。
  ロ ノギスによる内径測定では、最小値を読み取る。
  ハ マイクロメータは、使用前にゼロ点又は基点を設定し直さなければならない。
  ニ てこ式ダイヤルゲージは、測定子を上に向けて使用してはならない。

［B群(多肢択一法)］

12 空気圧シリンダと切換弁間の配管において、応答が良い状態として、適切なものは
どれか。
イ　配管が短い。
ロ　配管の内径が必要以上に太い。
ハ　配管が長くて細い。
ニ　配管の途中にオリフィスがある。

13 空気圧フィルタによるドレン除去に関する記述として、正しいものはどれか。
イ　圧縮機に近い所は、空気温度が高いので効果的である。
ロ　圧縮機に近い所は、空気温度が低いので効果的である。
ハ　圧縮機から離れた所は、空気温度が高いので効果的である。
ニ　圧縮機から離れた所は、空気温度が低いので効果的である。

14 空気圧装置の日常点検で行うべき項目として、次のうち、最も適切なものはどれ
か。
イ　シリンダのロッドパッキンからの漏れ
ロ　ドレン抜き
ハ　電磁コイルの絶縁性
ニ　減圧弁の調圧機能

15 アクチュエータの運転を行う場合、次のうち、最初に行う作業はどれか。
イ　減圧弁の圧力を設定する。
ロ　ルブリケータの滴下油量を調整する。
ハ　アクチュエータの速度制御を行う。
ニ　アクチュエータのクッション調整を行う。

16 空気圧フィルタの二次側で流量不足を生じた場合の原因として、正しいものはどれ
か。
イ　ケース内のドレンがオーバフローしている。
ロ　二次側で周囲温度が変化した。
ハ　エレメントが目詰まりした。
ニ　二次側の機器の使用頻度が少なくなった。

17 ルブリケータの不具合で、油が滴下しない原因として、当てはまらないものはどれ
か。
イ　入口側圧力の変動
ロ　ケース内油量の不足
ハ　滴下に必要な空気流量不足
ニ　油道又は油量調整ねじ部の詰まり

18 空気圧用シールの交換作業に関する記述として、誤っているものはどれか。
- イ シール表面に均一にグリースを塗布した。
- ロ リップパッキンの装着後にねじれのないことを確認した。
- ハ ピストン外周の溝に装着するため、シールをマイナスドライバで引伸ばして装着した。
- ニ ピストンロッドのねじ部にテープを巻き、シールを通過させた。

19 減圧弁の3か月～半年ごとの一般的な点検内容として、適切でないものはどれか。
- イ 圧力計に狂いはないか。
- ロ ばねの錆やへたりはないか。
- ハ リリーフ弁に漏れはないか。
- ニ 圧力調整機能は正常か。

20 直動形電磁弁の交流ソレノイドでうなり音が発生した際、点検項目として留意する必要のないものはどれか。
- イ ソレノイド吸着面へのごみの噛み込み
- ロ 供給電圧の上昇
- ハ 供給電圧の低下
- ニ くま取りコイルの破損、脱落

21 空気圧装置に使われる配管材に関する記述として、誤っているものはどれか。
- イ 鋼管は、ドレンによる錆対策として亜鉛めっきを施した白管を使用する。
- ロ ゴムホースは、オゾン環境下で使用すると劣化からクラックを発生することがあるので注意する。
- ハ ポリウレタンチューブは、ポリアミドチューブに比べ強度、耐熱性が高く、耐熱、高圧配管に適している。
- ニ ポリウレタンチューブは、ポリアミドチューブに比べ柔軟性があるので、狭い場所での使用に適している。

22 日本工業規格(JIS)によれば、下図の図記号の名称として、正しいものはどれか。

- イ 流量計
- ロ トルクメータ
- ハ 圧力計
- ニ 温度計

[B群(多肢択一法)]

23　直流電圧24V、電流2A、抵抗12Ωにおける電力の値として、正しいものはどれか。
　　　イ　48 W
　　　ロ　24 W
　　　ハ　12 W
　　　ニ　 2 W

24　次に示す位置検出用スイッチのうち、非接触形スイッチに該当しないものはどれか。
　　　イ　磁気近接スイッチ
　　　ロ　光電スイッチ
　　　ハ　リミットスイッチ
　　　ニ　超音波スイッチ

25　文中の(　　)内に当てはまる語句として、正しいものはどれか。
　　労働安全衛生法関係法令によれば、第二種圧力容器は、ゲージ圧力が(　　)以上の気体をその内部に保有する容器のうち、内容積が40リットル以上か、胴の内径が200mm以上で、かつ、長さが1000mm以上の容器をいう。
　　　イ　0.5 MPa
　　　ロ　0.3 MPa
　　　ハ　0.2 MPa
　　　ニ　0.1 MPa

# 平成 30 年度 技能検定
# 2 級 空気圧装置組立て 学科試験問題
# （空気圧装置組立て作業）

1. 試験時間　1 時間 40 分
2. 問題数　　50 題(A 群 25 題、B 群 25 題)
3. 注意事項
   （1）　係員の指示があるまで、この表紙はあけないでください。
   （2）　答案用紙(真偽法と多肢択一法の併用)に検定職種名、作業名、級別、受検番号、氏名を必ず記入してください。
   （3）　係員の指示に従って、問題数を確かめてください。それらに異常がある場合は、黙って手を挙げてください。問題は A 群(真偽法)と B 群(多肢択一法)とに分かれています。
   （4）　試験開始の合図で始めてください。
   （5）　解答の方法(真偽法と多肢択一法の併用)は次のとおりです。
   　　イ．　A 群の問題(真偽法)は、一つ一つの問題の内容が正しいか、誤っているかを判断して解答してください。
   　　ロ．　B 群の問題(多肢択一法)は、正解と思うものを一つだけ選んで、解答してください。二つ以上に解答した場合は誤答となります。
   　　ハ．　答案用紙(マークシート用紙)へ解答する際は、答案用紙に記載されている注意事項に従ってください。
   　　ニ．　答案用紙の解答欄は、A群の問題とB群の問題とでは異なります。所定の解答欄に、試験問題の題数に応じて解答してください。解答欄は A 群は 50 題まで、B 群は 25 題まで解答できるようになっています。
   （6）　電子式卓上計算機その他これと同等の機能を有するものは、使用してはいけません。
   （7）　携帯電話等は、使用してはいけません。
   （8）　試験中、質問があるときは、黙って手を挙げてください。ただし、試験問題の内容、漢字の読み方等に関する質問にはお答えできません。
   （9）　試験終了時刻前に解答ができあがった場合は、黙って手を挙げて、係員の指示に従ってください。
   （10）　試験中に手洗いに立ちたいときは、黙って手を挙げて、係員の指示に従ってください。
   （11）　試験終了の合図があったら、筆記用具を置き、係員の指示に従ってください。

［A群(真偽法)］

1　内径の異なる管を直列につないで、圧縮空気を安定して流した場合、管路のどの位置でも流速は一定である。

2　ゲージ圧力とは、大気圧を基準として表した圧力をいう。

3　方向制御弁の弁構造は、基本的な構造を採り上げると、スプール弁と滑り弁に分類できる。

4　エアドライヤの冷凍式と吸着式とを比較した場合、処理後の空気の露点は、冷凍式の方が低い。

5　複動片ロッドシリンダの引込み動作を高速作動させるためには、空気圧シリンダのロッド側のポートに急速排気弁を取り付ける。

6　2個の3ポートノーマルオープン電磁弁を用いることで、5ポート3位置エキゾーストセンタ形電磁弁と同じ制御ができる。

7　シーケンス制御とは、あらかじめ定められた順序又は手続きに従って制御の各段階を逐次進めていく制御のことである。

8　インタロックとは、危険や異常動作を防止するため、ある動作に対して異常を生じる他の動作が起こらないように制御回路上防止する手段である。

9　臨界圧力比は、ノズルなどを通る気体の流速が音速に達したときの上流と下流のゲージ圧力の比である。

10　空気消費量は、単位時間当たりに消費した空気を供給圧力状態の体積で表示する。

11　六角棒スパナによる本締めは、一般的に、スパナの短い方を六角穴の奥まで挿入し、押しつけながら行う。

12　揺動可能であるクレビスやトラニオン取付形式の空気圧シリンダを取り付けるときは、シリンダ自体に調芯機能が備わっているので、芯出し作業は不要である。

13　空気圧装置の配管後の漏れ確認を行う場合、検査圧力を供給して一度に行えば効率的で、このとき弁の操作は必要ではない。

14　空気圧縮機は、吸込み空気の温度が高くなるほど効率が向上し、省エネルギーになる。

15 2ポート電磁弁の最高作動圧力差とは、電磁弁が作動できる入口圧力と出口圧力との最高の圧力差である。

16 減圧弁のボンネットのリリーフ穴から常時空気が漏れている原因は、弁体のシール不良に限られる。

17 空気圧シリンダのストロークエンドでピストンがカバーに激しく衝突してカバーが破損することを防止する方法の一つとして、シリンダクッションで調整をする方法がある。

18 内部パイロット形電磁弁では、最低使用圧力は、一般に、0.1～0.2MPaである。

19 ルブリケータは、空気が流れていないときに滴下量を調整する。

20 空気圧機器を修理するときは、空気圧装置入口に設けた残圧排気弁を開けば、安全に作業できる。

21 日本工業規格(JIS)によれば、J形プッシュイン継手に適用するポリウレタンチューブの最高使用圧力(定格圧力)は0.4MPaである。

22 日本工業規格(JIS)によれば、空気圧機器におけるフィルタは、下図の記号で表示される。

23 極数6、電源周波数50Hzの三相誘導電動機の同期回転速度は、1000min$^{-1}$である。

24 プログラマブルロジックコントローラ(PLC)のトライアック出力は、交流負荷用の無接点出力である。

25 第二種圧力容器の安全弁は、一般に、圧力容器の最高使用圧力以下で作動するように調整しなければならない。

[B群(多肢択一法)]

1　文中の(　　)内に当てはまる数値として、適切なものはどれか。
　　ゲージ圧力0.1MPaの空気を等温で圧縮し、体積を(　　)にすると空気のゲージ圧
　　力は約0.3MPaになる。
　　　イ　1／4
　　　ロ　1／3
　　　ハ　1／2
　　　ニ　2／3

2　文中の(　　)内に当てはまる数値の組合せとして、適切なものはどれか。
　　日本工業規格(JIS)の「油圧・空気圧システム及び機器－用語」によれば、標準状態と
　　は、温度(　①　)、絶対圧力101.3kPa、相対湿度(　②　)の空気の状態をいう。
　　　　　　　①　　　　②
　　　イ　20℃　　50%
　　　ロ　20℃　　65%
　　　ハ　0℃　　50%
　　　ニ　0℃　　65%

3　次に示す検出スイッチのうち、外部磁気の影響を受けやすいものはどれか。
　　　イ　シリンダ用スイッチ
　　　ロ　リミットスイッチ
　　　ハ　光電スイッチ
　　　ニ　超音波スイッチ

4　日本工業規格(JIS)による電気絶縁の耐熱クラス130℃の指定文字はどれか。
　　　イ　A
　　　ロ　B
　　　ハ　E
　　　ニ　F

5　単動シリンダの両方向の速度制御に適した回路はどれか。
　　　イ　メータイン回路
　　　ロ　メータアウト回路
　　　ハ　メータイン・メータアウト回路
　　　ニ　ブリードオフ回路

6　シャトル弁の持つ機能を表す回路は、次のうちどれか。
　　　イ　NOT回路
　　　ロ　OR回路
　　　ハ　AND回路
　　　ニ　フリップフロップ回路

7 電気・空気圧制御に関する記述として、正しいものはどれか。
    イ プログラマブルロジックコントローラ(PLC)を使用した場合、交流電源で動作する出力機器は制御することができない。
    ロ 電気溶接ロボットを使用している環境下で、空気圧シリンダの位置検出をするには、シリンダに取り付けた磁気センサにより行うフィードバック回路が有効である。
    ハ シーケンス制御の配線は、シリアル伝送方式を採用すると配線を省略化することができる。
    ニ 空気圧装置にシリアル伝送方式の電気制御を採用すると、内外部のサージ(電気的ノイズ)を気にしなくても済む。

8 文中の(    )内に当てはまる語句として、適切なものはどれか。
空気圧－油圧制御とは、(    )には空気圧を使用し、作動部には油圧を使用した制御方式である。
    イ 熱交換器
    ロ 増圧器
    ハ 作動流体
    ニ 制御回路

9 空気圧用語として定められている「露点」を表す単位はどれか。
    イ $\mu$m
    ロ ℃
    ハ %
    ニ kPa

10 減圧弁、逆止め弁、リリーフ弁等で、弁座をたたいて比較的高い音を発する一種の自励振動現象はどれか。
    イ スティックスリップ
    ロ キャビテーション
    ハ ドリフト
    ニ チャタリング

11 日本工業規格(JIS)における、ブルドン管圧力計に関する記述として、誤っているものはどれか。
    イ 大きさは、目盛板の外径(mm)で表される。
    ロ 真空計は、負のゲージ圧を測定するものである。
    ハ 連成計は、正及び負のゲージ圧を測定するものである。
    ニ 各精度等級における最大許容誤差は、目盛範囲全てにわたって、同じ許容誤差が決められている。

[B群(多肢択一法)]

12　空気圧調整ユニットの取扱いに関する記述として、誤っているものはどれか。
　　イ　レギュレータは、構造上、天地逆向きに取り付けると、機能しない。
　　ロ　空気圧回路に空気圧調整ユニットを取り付ける場合の順序は、原則として、一次側からフィルタ、レギュレータ、ルブリケータの順である。
　　ハ　エアフィルタによるドレン除去は、空気温度の低いところで行うのが効果的である。
　　ニ　ルブリケータの滴下量の調節は、装置を稼働させながら行う。

13　空気圧シリンダの作動調整の順序として、正しいものはどれか。
　　イ　速度調整　→　圧力調整　→　クッション調整
　　ロ　速度調整　→　クッション調整　→　圧力調整
　　ハ　圧力調整　→　速度調整　→　クッション調整
　　ニ　クッション調整　→　圧力調整　→　速度調整

14　定期保全のために圧力供給口を閉じて装置内の空気を一度完全に排気した。保全作業が終了した後、圧縮空気再投入時の注意に関する記述として、誤っているものはどれか。
　　イ　圧力供給口を開いた途端、機器が動きだす場合がある。
　　ロ　回路の構成によっては、機器の速度が速くなることがある。
　　ハ　回路の構成によっては、シリンダのクッションが効かないことがある。
　　ニ　回路の構成によっては、シリンダ力が小さくなることがある。

15　減圧弁の点検内容として、誤っているものはどれか。
　　イ　圧力計に狂いはないか。
　　ロ　リリーフ弁に漏れはないか。
　　ハ　圧力調整機能は正常か。
　　ニ　ケース内にゴミが溜まっていないか。

16　真空パッドでワークを吸着できない原因として、誤っているものはどれか。
　　イ　パッドに亀裂が生じている。
　　ロ　絶対圧力が低い。
　　ハ　パッドへの配管に漏れが生じている。
　　ニ　ワークの表面が凸凹である。

17　空気圧フィルタの二次側にドレンが見られる原因に該当しないものはどれか。
　　イ　ケース内のドレンがオーバーフローしている。
　　ロ　エレメントが目詰まりした。
　　ハ　二次側で周囲温度が大きく低下した。
　　ニ　適正範囲を超えて流量が増大した。

18　空気圧フィルタの点検作業に関する記述として、正しいものはどれか。
　　イ　透明ケースにクラックが認められたが、エア漏れがないため交換しなかった。
　　ロ　汚れた透明ケースをアルコールで洗浄した。
　　ハ　圧力降下が大きくなったため、エレメントを交換した。
　　ニ　不織布製のエレメントを洗浄した。

19　空気圧シリンダのエア漏れの確認方法として、適切でないものはどれか。
　　イ　最低作動圧力によるエア漏れを確認する。
　　ロ　最高使用圧力の2倍の圧力によるエア漏れを確認する。
　　ハ　使用圧力によるエア漏れを確認する。
　　ニ　最高使用圧力によるエア漏れを確認する。

20　片ロッド複動シリンダのパッキン交換後のエア漏れ確認方法として、誤っているものはどれか。
　　イ　キャップ側ポートに圧力を供給し、ロッドパッキン部のエア漏れを確認する。
　　ロ　ロッド側ポートに圧力を供給し、カバーとチューブの固定シール部からのエア漏れを確認する。
　　ハ　キャップ側ポートに圧力を供給し、ロッド側ポートからのエア漏れを確認する。
　　ニ　ロッド側ポートに圧力を供給し、キャップ側ポートからのエア漏れを確認する。

21　次の配管材のうち、管の最小曲げ半径が最も小さいものはどれか。
　　イ　ポリアミドチューブ1種
　　ロ　ポリアミドチューブ2種
　　ハ　ポリウレタンチューブ
　　ニ　ふっ素樹脂チューブ

22　日本工業規格(JIS)によれば、下図の図記号の名称として正しいものはどれか。

　　イ　空気圧縮機
　　ロ　揺動形アクチュエータ(複動形)
　　ハ　揺動形アクチュエータ(単動形)
　　ニ　空気圧モータ

［B群(多肢択一法)］

23　下図の電気回路図において、電流値Iとして正しいものはどれか。

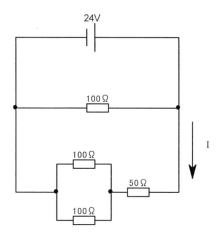

　　イ　240mA
　　ロ　480mA
　　ハ　520mA
　　ニ　960mA

24　プログラマブルロジックコントローラ(PLC)の出力機器として、誤っているものはどれか。
　　イ　リレー
　　ロ　電磁開閉器
　　ハ　フォトセンサ
　　ニ　電磁弁

25　文中の(　　)内に当てはまる語句として、正しいものはどれか。
　　労働安全衛生法関係法令によれば、第二種圧力容器は、ゲージ圧力が0.2MPa以上で、内容積が0.04m³以上か、胴の内径が200mm以上で、かつ、その長さが(　　)以上の容器をいう。
　　イ　　500 mm
　　ロ　　700 mm
　　ハ　　800 mm
　　ニ　1000 mm

# 平成 29 年度 技能検定
# 2 級 空気圧装置組立て 学科試験問題
# （空気圧装置組立て作業）

1. 試験時間　　1 時間 40 分
2. 問題数　　　50 題(A 群 25 題、B 群 25 題)
3. 注意事項
   （1）　係員の指示があるまで、この表紙はあけないでください。
   （2）　答案用紙(真偽法と多肢択一法の併用)に検定職種名、作業名、級別、受検番号、氏名を必ず記入してください。
   （3）　係員の指示に従って、問題数を確かめてください。それらに異常がある場合は、黙って手を挙げてください。問題は A 群(真偽法)と B 群(多肢択一法)とに分かれています。
   （4）　試験開始の合図で始めてください。
   （5）　解答の方法(真偽法と多肢択一法の併用)は次のとおりです。
   　　　イ．　A 群の問題(真偽法)は、一つ一つの問題の内容が正しいか、誤っているかを判断して解答してください。
   　　　ロ．　B 群の問題(多肢択一法)は、正解と思うものを一つだけ選んで、解答してください。二つ以上に解答した場合は誤答となります。
   　　　ハ．　答案用紙(マークシート用紙)へ解答する際は、答案用紙に記載されている注意事項に従ってください。
   　　　ニ．　答案用紙の解答欄は、A 群の問題と B 群の問題とでは異なります。所定の解答欄に、試験問題の題数に応じて解答してください。解答欄は A 群は 50 題まで、B 群は 25 題まで解答できるようになっています。
   （6）　電子式卓上計算機その他これと同等の機能を有するものは、使用してはいけません。
   （7）　携帯電話等は、使用してはいけません。
   （8）　試験中、質問があるときは、黙って手を挙げてください。ただし、試験問題の内容、漢字の読み方等に関する質問にはお答えできません。
   （9）　試験終了時刻前に解答ができあがった場合は、黙って手を挙げて、係員の指示に従ってください。
   （10）　試験中に手洗いに立ちたいときは、黙って手を挙げて、係員の指示に従ってください。
   （11）　試験終了の合図があったら、筆記用具を置き、係員の指示に従ってください。

[A群(真偽法)]

1　絶対圧力とは、絶対真空を基準として表した圧力をいう。

2　完全気体の体積は、絶対圧力に反比例し、絶対温度に比例する。

3　シリンダの大きさは、シリンダ内径、標準ストローク、ピストンロッド径等により分類される。

4　揺動形アクチュエータにおいて、ベーン形は、ねじ形よりも大きい揺動角度を得ることができる。

5　下図は、単動シリンダを作動させる場合の例として正しい。

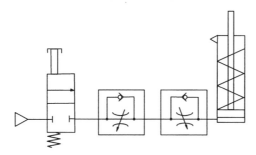

6　空気圧シリンダの飛出し防止方法の一つとして、メータイン回路がある。

7　空気圧操作弁には、空気圧信号をスプール等の弁体の端面に直接働かせ弁体を切換える直接パイロット形がある。

8　開ループ制御とは、フィードバックループがなく、制御量を考慮せずに操作量を決定する制御である。

9　ガスケットとは、往復運動などの運動部に用いるシールの総称のことである。

10　空気圧システムの制御においてインタロックとは、危険や異常動作を防止するため、ある動作に対して異常を生じる他の動作が起こらないように制御回路上防止する手段である。

11　熱式流量計には、流体の中にヒーターを設置し、その上流と下流の2点で流体温度を測定し、2点間の温度差で流量を割り出す方式のものがある。

12　ルブリケータの下流側には、立上がり配管を避けるのが望ましい。

[A群(真偽法)]

13 一般に、電磁弁の排気は、排気ポートに配管をして空気タンクに戻す必要がある。

14 油圧式ショックアブソーバを使用したが、十分な衝撃吸収ができずにストローク端に衝突したため、対策として吸収エネルギーの大きなショックアブソーバに変更した。

15 シリンダのクッション調整でバウンド現象が発生したときには、クッションニードルをもう少し絞る必要がある。

16 空気圧装置は、室内の温度が0℃以下にならない限り、運転しても凍結の心配はない。

17 空気圧機器の排気ポートから水滴が放出される原因の一つとして、空気圧フィルタのドレン抜きがされていないことが考えられる。

18 シリンダ用有接点スイッチが復帰しない原因の一つとして、リードスイッチの接点の溶着がある。

19 目詰まりを起こしたフィルタエレメントを洗浄する場合には、ガソリンを使用するとよい。

20 内部パイロット形電磁弁における最低使用圧力は、一般に、1～2MPaである。

21 配管材は、曲げなどの配管作業の容易さから、ポリアミドチューブも使用される。

22 日本工業規格(JIS)によれば、下図の図記号は、エアドライヤである。

23 交流電源において正弦波波形における実効値AC100Vの最大値は、約173Vである。

24 直動形電磁弁の応答速度は、交流ソレノイドより直流ソレノイドの方が速い。

25 安全弁と空気タンクとの間に他のバルブを取り付けてはならない。

［B群(多肢択一法)］

1　複数の空気圧要素を並列に結合した場合の合成音速コンダクタンスの簡易計算法と
　　して、正しいものはどれか。
　　　イ　各空気圧要素の音速コンダクタンスの和
　　　ロ　各空気圧要素の音速コンダクタンスの積
　　　ハ　各空気圧要素の音速コンダクタンスの逆数の和
　　　ニ　各空気圧要素の音速コンダクタンスの逆数の積

2　ドレンに関する記述として、誤っているものはどれか。
　　　イ　オイルフリーのコンプレッサはドレンを発生しない。
　　　ロ　ドレン中には、コンプレッサオイルが酸化しタール状になったものも含まれ
　　　　　ている。
　　　ハ　ドレン中には、ライン中の錆や吸入粉じん等のごみも含まれている。
　　　ニ　空気圧ライン中の湿った空気は、温度が下がり露点に達した時点からドレン
　　　　　を発生する。

3　空気圧シリンダを高速作動させる場合の方策として、誤っているものはどれか。
　　　イ　負荷荷重とシリンダ力の比(負荷率)を小さくする。
　　　ロ　急速排気弁を取り付ける。
　　　ハ　配管を長くする。
　　　ニ　ストローク終端の衝撃の緩和対策を行う。

4　切換弁に関する記述として、適切なものはどれか。
　　　イ　エキゾーストセンタの切換弁は、ピストンの両側に空気を供給してシリンダ
　　　　　を中間停止させるので、中間停止の精度が高い。
　　　ロ　プレッシャセンタの切換弁は、ピストンの両側の空気を排気してシリンダを
　　　　　中間停止させるので、中間停止の精度が悪い。
　　　ハ　エキゾーストセンタの切換弁は、中間停止時にシリンダ出力をなくすことが
　　　　　できるので、シリンダを垂直方向に作動させる上では安全である。
　　　ニ　プレッシャセンタの切換弁は、ピストンの両側に空気を加圧するので、複動
　　　　　片ロッド形シリンダを中間停止する場合は、出力を調整してバランスを取る
　　　　　必要がある。

5　NOT回路に関する記述として、正しいものはどれか。
　　　イ　1個の入力ポートと1個の出力ポートを持つ。
　　　ロ　複数の入力ポートと1個の出力ポートを持つ。
　　　ハ　入力信号が無いときのみ、出力が得られない。
　　　ニ　複数の全てに入力信号が無いときのみ、出力が得られる。

6 シャトル弁を使って入力条件が3個ある場合のOR回路を組むとき、最低いくつのシャトル弁が必要か。
 イ　1個
 ロ　2個
 ハ　3個
 ニ　4個

7 制御に関する記述として、誤っているものはどれか。
 イ　空気圧シリンダのピストンの移動を位置検出スイッチで確認し、次の段階の入力として使用する制御は、シーケンス制御である。
 ロ　シーケンス制御では、位置検出を確実にするため、電磁リレーを使用するとよい。
 ハ　入力信号に対して、出力信号を任意の時間だけ遅らせて出力させるものにタイマがある。
 ニ　シーケンス制御とは、あらかじめ定められた順序に従って制御動作の各段階を逐次進めていく制御方式のことである。

8 下図のアナログ信号とそれに対応した各種パルス変調信号の中で、パルス幅変調(PWM)信号はどれか。

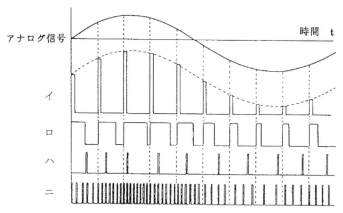

9 圧力に関する記述として、正しいものはどれか。
 イ　全圧は、流体の流れをせき止めたときの静圧である。
 ロ　動圧は、流線に平行な面に及ぼす流体の圧力である。
 ハ　静圧は、流線に直角な面に及ぼす流体の圧力である。
 ニ　差圧は、動圧と静圧の差である。

［B群(多肢択一法)］

10　クラッキング圧力に関する記述として、正しいものはどれか。
　　イ　機器又は配管の外壁が実際に破壊する内部圧力。
　　ロ　定格圧力を超えた所定の圧力を所定の時間、機器又は配管に加えた後、最高
　　　　使用圧力に復帰したとき、性能が保証されなければならない圧力。
　　ハ　シリンダクッションの全運動質量の減速時に発生する圧力。
　　ニ　弁が開き始める圧力で、ある一定の流量が認められるなどの条件を満たす圧
　　　　力。

11　ブロックゲージの組合せや取扱いに関する記述として、誤っているものはどれか。
　　イ　組み合わせる数は、できるだけ少なくする。
　　ロ　鋼製ブロックゲージの使用後は、油を塗布して保管する。
　　ハ　リンギングさせた鋼製ブロックゲージは、すぐ測定に使用する。
　　ニ　寸法末尾の桁から、ブロックゲージを選ぶとよい。

12　プッシュイン継手による配管作業に関する記述として、誤っているものはどれか。
　　イ　配管する樹脂チューブは、継手の保持機構で把持しシールするように、十分
　　　　に奥まで差し込む。
　　ロ　配管する樹脂チューブは、専用のカッタで直角に切断する。
　　ハ　配管チューブを取り外す場合は、開放機構(リリースリング)を押してから樹
　　　　脂チューブを引き抜く。
　　ニ　ポリアミドチューブは、柔軟性に優れるため、最小曲げ半径は規定されてい
　　　　ない。

13　空気圧ハンド(グリッパ)に関する記述として、正しいものはどれか。
　　イ　ワークが重く把持力が不足したので、供給圧力を下げた。
　　ロ　フィンガー部の開閉速度が速いので、速度制御弁の絞りを開けた。
　　ハ　ワークの把持点が、ハンド本体の軸心から大きく偏心していたので、把持点
　　　　が軸心にくるように変更した。
　　ニ　メカグリッパは、フィンガー部を空気圧で開閉させるグリッパである。

14　複動シリンダを中間停止させたいときに使用する電磁弁として、正しいものはどれ
　　か。
　　イ　5ポート2位置シングルソレノイド電磁弁
　　ロ　5ポート2位置ダブルソレノイド電磁弁
　　ハ　5ポート3位置クローズドセンタ形電磁弁
　　ニ　2個の2ポート常時閉形電磁弁

15 空気圧システムの運転及び調整に関する記述として、下線で示す部分のうち、誤っているものはどれか。

空気圧システムの運転及び調整は、圧縮機側すなわち<u>上流側より行って</u>、順次、
　　　　　　　　　　　　　　　　　　　　　　　　　イ

<u>下流側に進めていく</u>のが原則である。このとき、運転及び調整を行う部分より<u>上</u>
　　　　　　　　　　　　　　　　　　　　　　　　　　　　　　　　　　　　　ロ

<u>流のシステムに空気圧が供給されないように</u>、<u>各システムの入口のストップ弁は</u>
　　　　　　　　　　　　　　　　　　　　　　　　ハ

<u>閉じておく</u>。また、<u>圧力制御弁等のハンドルは緩め、流量制御弁等は閉じてお</u>
　　　　　　　　　　　　ニ

<u>く</u>。

16 外力が作用せず水平に移動する台車を片ロッド形複動シリンダで駆動しているとき、クローズドセンタの3位置弁を使用し制御しているが、中間停止時の台車位置が微速度でシリンダのロッドが引き込まれる方向へ移動してしまう。その原因の発見方法として、適切でないものはどれか。
　　イ　シリンダに外部漏れがないか確認する。
　　ロ　シリンダに内部漏れがないか確認する。
　　ハ　バルブに漏れがないか確認する。
　　ニ　配管に漏れがないか確認する。

17 空気圧モータの回転速度が上がらない原因として、誤っているものはどれか。
　　イ　配管が太すぎる。
　　ロ　負荷が大きすぎる。
　　ハ　速度制御弁が閉じている。
　　ニ　切換弁の有効断面積が小さい。

18 減圧弁の3か月〜半年ごとの一般的な点検内容として、適切でないものはどれか。
　　イ　圧力計に狂いはないか。
　　ロ　ばねの錆やへたりはないか。
　　ハ　リリーフ弁に漏れはないか。
　　ニ　圧力調整機能は正常か。

19 直動形電磁弁の交流ソレノイドでうなり音が発生した際、点検項目として留意する必要のないものはどれか。
　　イ　ソレノイド吸着面へのごみの噛み込み
　　ロ　供給電圧の上昇
　　ハ　供給電圧の低下
　　ニ　くま取りコイルの破損、脱落

［B群(多肢択一法)]

20　空気圧用シールの交換作業に関する記述として、誤っているものはどれか。
　　イ　シール表面に均一にグリースを塗布した。
　　ロ　リップパッキンの装着後にねじれのないことを確認した。
　　ハ　ピストン外周の溝に装着するため、シールをマイナスドライバで引伸ばして装着した。
　　ニ　ピストンロッドのねじ部にテープを巻き、シールを通過させた。

21　プラスチック材に関する記述として、誤っているものはどれか。
　　イ　ABS樹脂は、耐衝撃性に優れ、表面光沢及びめっき性が良いので広範囲に使用される。
　　ロ　アクリル樹脂は、透明性とともに加工性に優れ広く利用されている。
　　ハ　ポリアミドは、耐摩耗性、耐熱性、耐寒冷性及び耐衝撃性が良く、歯車、自動車部品にも使用される。
　　ニ　ポリカーボネートは、耐熱性、耐衝撃性、耐薬品性に優れ空圧機器のフィルタボウルなどに使用される。

22　日本工業規格(JIS)によれば、下図の図記号の名称として正しいものはどれか。

　　イ　圧力計
　　ロ　差圧計
　　ハ　温度計
　　ニ　流量計

23　下図の電気回路図において、電流値Iとして正しいものはどれか。

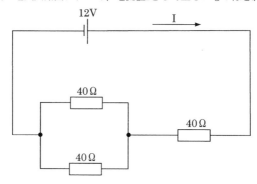

　　イ　100mA
　　ロ　200mA
　　ハ　400mA
　　ニ　5000mA

24 次に示す位置検出用スイッチのうち、非接触形スイッチに該当しないものはどれか。

 イ　磁気近接スイッチ

 ロ　光電スイッチ

 ハ　リミットスイッチ

 ニ　超音波スイッチ

25 文中の(　　)内に当てはまる数値として、正しいものはどれか。

ボイラー及び圧力容器安全規則によれば、第二種圧力容器は、ゲージ圧力が0.2MPa以上で、内容積が0.04m³以上か、胴の内径が(　　)以上で、かつ、その長さが1000mm以上の容器をいう。

 イ　140mm

 ロ　160mm

 ハ　180mm

 ニ　200mm

# 令和元年度 技能検定
# 1級 空気圧装置組立て 学科試験問題
# （空気圧装置組立て作業）

1. 試験時間　　1時間40分
2. 問題数　　　50題(A群25題、B群25題)
3. 注意事項
   （1）　係員の指示があるまで、この表紙はあけないでください。
   （2）　答案用紙(真偽法と多肢択一法の併用)に検定職種名、作業名、級別、受検番号、氏名を必ず記入してください。
   （3）　係員の指示に従って、問題数を確かめてください。それらに異常がある場合は、黙って手を挙げてください。問題はA群(真偽法)とB群(多肢択一法)とに分かれています。
   （4）　試験開始の合図で始めてください。
   （5）　解答の方法(真偽法と多肢択一法の併用)は次のとおりです。
   　　　イ．　A群の問題(真偽法)は、一つ一つの問題の内容が正しいか、誤っているかを判断して解答してください。
   　　　ロ．　B群の問題(多肢択一法)は、正解と思うものを一つだけ選んで、解答してください。二つ以上に解答した場合は誤答となります。
   　　　ハ．　答案用紙(マークシート用紙)へ解答する際は、答案用紙に記載されている注意事項に従ってください。
   　　　ニ．　答案用紙の解答欄は、A群の問題とB群の問題とでは異なります。所定の解答欄に、試験問題の題数に応じて解答してください。解答欄はA群は50題まで、B群は25題まで解答できるようになっています。
   （6）　電子式卓上計算機その他これと同等の機能を有するものは、使用してはいけません。
   （7）　携帯電話等は、使用してはいけません。
   （8）　試験中、質問があるときは、黙って手を挙げてください。ただし、試験問題の内容、漢字の読み方等に関する質問にはお答えできません。
   （9）　試験終了時刻前に解答ができあがった場合は、黙って手を挙げて、係員の指示に従ってください。
   （10）　試験中に手洗いに立ちたいときは、黙って手を挙げて、係員の指示に従ってください。
   （11）　試験終了の合図があったら、筆記用具を置き、係員の指示に従ってください。

[A群(真偽法)]

1 異なる温度の湿り空気は、相対湿度が等しければ露点も等しい。

2 チョーク流れとは、機器の上流側圧力が下流側圧力に対して高いとき、機器のある部分で速度が音速になる流れをいう。

3 空気圧フィルタはディフレクタにより、流入した圧縮空気に旋回運動を与え、そのサイクロン効果により水滴や異物を分離する。

4 空気圧シリンダには、空気圧の圧縮性を利用したクッション機構があるので、大きな慣性負荷が掛かっても常に衝撃を吸収できる。

5 2個の3ポートノーマルクローズ電磁弁を並列に用いることで、5ポート3位置クローズドセンタ電磁弁と同じ制御ができる。

6 ブレーキ付複動空気圧シリンダを3ポート電磁弁で作動させる回路では、一般的に、シリンダ部とブレーキ部のいずれにもノーマルクローズ形3ポート電磁弁が使用される。

7 フェールセーフとは、危険や異常動作を防止するため、ある動作に対して異常を生じる他の動作が起こらないように制御回路上防止する手段のことである。

8 制御量を目標値と比較して、その差をなくすように修正し操作する制御方式をフィードバック制御という。

9 日本工業規格(JIS)では、残圧について、圧力供給を遮断又は排気した後に、回路系又は機器内に残る望ましくない圧力と規定している。

10 日本工業規格(JIS)によれば、ブルドン管圧力計は、ブルドン管を弾性素子に用いてブルドン管の圧力による変形量を機械的に拡大して直接ゲージ圧力を測定する単針・同心の丸形指示圧力計のことをいう。

11 空気圧配管に配管用炭素鋼鋼管(SGP)を使用する場合には、白管よりも黒管を使用するのがよい。

12 日本工業規格(JIS)では、手動式トルクツールについて、発生するトルク値を機械式スケール、ダイヤル又は電気式表示器で指示するツールをプリセット式トルクツール(タイプⅡ)と規定している。

13 空気圧機器の潤滑油には、マシン油が最適である。

14 往復式空気圧縮機の運転前には、潤滑油の量、ベルトの張り具合等の異常の有無を点検する。

[A群(真偽法)]

15 シリンダ用2線式無接点スイッチを複数直列に接続した回路で負荷が作動しない原因は、漏れ電流が増加するためである。

16 メタルシール方式の電磁弁において、タールによる固着現象を防ぐためには、オイルミストセパレータを設置するとよい。

17 冷凍式エアドライヤの出口側で水滴が生じる原因の一つには、流れる空気量が少なすぎることが考えられる。

18 オイルミストフィルタのエレメントの交換は、一次側と二次側の差圧が150kPaを超えたときを目安に行うとよい。

19 マルテンサイト系ステンレス鋼は、磁性体である。

20 日本工業規格(JIS)によれば、下図は圧力計を表す図記号である。

21 三相交流回路において、電圧200 Vで電流が50 A流れている電動機が10 kWの電力を消費したとき、力率は約90 %である。

22 光電スイッチを使用する場合は、投光側と受光側の光軸出しとスイッチの投光面及び受光面の汚れに注意する。

23 キャビテーションとは、流動している流体の圧力が局部的に低下して、蒸気や含有気体を含む泡が発生する現象をいう。

24 日本工業規格(JIS)では、流量調整弁を「入口圧力又は背圧の変化に関係なく、流量を所定の値に保持することができる圧力補償機能をもつ流量制御弁。」と規定している。

25 ルブリケータの油面が見にくい場合には、ケースガードを外して使用するとよい。

[B群(多肢択一法)]

1 空気圧機器に使用されるシールに関する記述として、正しいものはどれか。
　　イ　合成ゴムのNBRは、あらゆる環境で使用される。
　　ロ　HNBRは、NBRよりも耐オゾン性に優れている。
　　ハ　ふっ素ゴムは、熱水で使用する場合に適している。
　　ニ　ウレタンゴムは、NBRよりも耐水性に優れている。

2 文中の(　　)内に当てはまる数値として、正しいものはどれか。
　　空気を等温変化させた場合のポリトロープ指数は、(　　)である。
　　イ　0.5
　　ロ　1
　　ハ　1.25
　　ニ　1.4

3 文中の(　　)内に当てはまる数値として、正しいものはどれか。
　　日本工業規格(JIS)では、小形往復空気圧縮機のうち、可搬式圧縮機に用いられる空気タンクの容積について、駆動電動機の定格出力5.5kWでの空気タンクの容積は、(　　)以上と規定している。
　　イ　120 L
　　ロ　100 L
　　ハ　 60 L
　　ニ　 40 L

4 往復式空気圧縮機と比較した回転式空気圧縮機の特徴に関する記述として、適切でないものはどれか。
　　イ　吐き出し圧力が高い。
　　ロ　騒音が小さい。
　　ハ　振動が少ない。
　　ニ　脈動が小さい。

5 空気圧モータに関する記述として、誤っているものはどれか。
　　イ　トルクは、回転数が低いほど高い。
　　ロ　回転数は、負荷が高くなるほど低くなる。
　　ハ　空気消費量は、回転数が高くなるほど増加する。
　　ニ　出力は、無負荷時の回転数のとき最大となる。

6 シーケンス制御に関する記述として、誤っているものはどれか。
　　イ　有接点リレーを用いて、制御回路を作ることができる。
　　ロ　動作に対する外乱要素が多い環境の制御に適している。
　　ハ　決められた動作を繰返し行う、自動制御に適している。
　　ニ　あらかじめ定められた順序に従って、各段階を逐次進めていく制御である。

[B群(多肢択一法)]

7　空気圧シリンダと切換弁の間に減圧弁を入れて圧力制御する場合の減圧弁の種類として、適切なものはどれか。
　　イ　リリーフ付減圧弁
　　ロ　チェック弁付減圧弁
　　ハ　パイロット作動形減圧弁
　　ニ　精密減圧弁

8　空気に関する記述として、誤っているものはどれか。
　　イ　比熱比は、定圧比熱を定積比熱で除した値である。
　　ロ　断熱変化時の比熱比を断熱指数と呼ぶ。
　　ハ　標準状態とは、温度20℃、絶対圧力101.3kPa、相対湿度65%の空気の状態である。
　　ニ　絶対湿度とは、同一温度における、飽和蒸気圧力に対する水蒸気の分圧の割合である。

9　日本工業規格(JIS)によれば、39mmを20等分したバーニヤ目盛の付いたノギスの最小読取値として、正しいものはどれか。
　　イ　0.2 mm
　　ロ　0.1 mm
　　ハ　0.05 mm
　　ニ　0.02 mm

10　日本工業規格(JIS)によれば、六角棒スパナの「呼び」として、正しいものはどれか。
　　イ　二面幅
　　ロ　締付けトルク値
　　ハ　長柄の長さ
　　ニ　対角距離

11　空油変換器を用いた装置に関する記述として、正しいものはどれか。
　　イ　空油変換器から配管を立ち上げ、低油圧シリンダに接続する。
　　ロ　低油圧シリンダよりも、空油変換器を高い位置に設置する。
　　ハ　空油変換器から低油圧シリンダまでの配管は、空気圧の場合よりも細い配管とする。
　　ニ　アクチュエータを作動させたとき、空油変換器の油面の速度を500mm/sにする。

12 空気圧装置に関する記述として、誤っているものはどれか。

    イ　エンドロック付シリンダを5ポート3位置プレッシャセンタ形電磁弁を用いて駆動させる。

    ロ　装置の圧縮空気供給側に圧力スイッチと残圧排気弁を取り付ける。

    ハ　ルブリケータは、必ずしもエアフィルタ、レギュレータと一体で設置する必要はない。

    ニ　空気圧シリンダへの供給油量のおよその目安としては、空気消費量 $10m^3(ANR)$ に対して $1\sim2cm^3$ としている。

13 空気圧装置のドレン抜きに関する記述として、正しいものはどれか。

    イ　配管系では、温度の高い所にドレン排水弁を設置する。

    ロ　凍結のおそれがある場合は、装置を停止後、ドレン排水弁を開けておく。

    ハ　ドレンは装置の運転が終わったときに抜き、運転前には抜かない。

    ニ　空気タンクは、毎日ドレン抜きをしない。

14 空気圧シリンダ磁気近接スイッチの3線式無接点NPNタイプの結線の点検に関する記述として、正しいものはどれか。

    イ　出力側が、青色の線に結線されている。

    ロ　出力側が、茶色の線に結線されている。

    ハ　直流電源のプラス側が、茶色の線に結線されている。

    ニ　直流電源のマイナス側が、黒色の線に結線されている。

15 外力が作用せず水平に移動する台車を片ロッド形の空気圧シリンダを使用して高速で駆動している。プレッシャセンタ形3位置電磁弁を使用し中間停止を行っていたが、中間停止時の台車位置が微速度でシリンダのロッドが出る方向へ移動する故障が発生した。その原因の発見方法として、適切なものはどれか。

    イ　シリンダに外部漏れがないか石鹸水を使用して確認する。

    ロ　シリンダに内部漏れがないか配管を外して確認する。

    ハ　バルブに漏れがないか確認する。

    ニ　設定圧力が変化していないか確認する。

16 次の空気圧システムの点検項目のうち、最も頻度を高く実施すべきものはどれか。

    イ　冷凍式エアドライヤの凝縮器(コンデンサ)の目詰まり点検

    ロ　空気タンク、その他のドレン排出場所のドレン抜きの点検

    ハ　圧縮機の潤滑油量の確認と補給及びベルトの張り具合の点検

    ニ　空気漏れの点検及びアクチュエータの緩み、ガタツキの点検

[B群(多肢択一法)]

17 空気圧用シールの保管及び使用上の注意に関する記述として、誤っているものはどれか。

 イ シールが接触する相手面において密閉性を保つため、通常、角には丸みを付けない。

 ロ シール装着後の機器の保管場所は、直射日光を避け、湿度が低く、年間を通じて温度37℃を超えないことが望ましい。

 ハ 装着を容易にするため、一般に、シールには潤滑油やグリースを十分塗布してから装着する。

 ニ ごみや異物がある雰囲気中でシールを使用する場合には、必ずワイパリングや防じんベローズ(又はブーツ)等を併用しなければならない。

18 銅及び銅合金に関する記述として、誤っているものはどれか。

 イ 銅の電気伝導度（導電率）は、銀よりも高い。

 ロ 黄銅は、銅と亜鉛の合金で、展延性がよく加工しやすい。

 ハ りん青銅は、銅とすずを主成分とし、微量のりんを添加した合金である。

 ニ 白銅は、銅とニッケルの合金で、耐食性に優れている。

19 日本工業規格(JIS)によれば、下図の図記号の名称として、正しいものはどれか。

 イ 差圧計
 ロ 流量計
 ハ トルクメータ
 ニ 回転計

20 日本工業規格(JIS)によれば、急速排気弁の図記号として、正しいものはどれか。

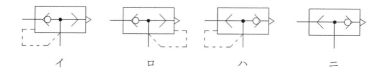

   イ     ロ     ハ     ニ

21 接続回路の合成抵抗値として、誤っているものはどれか。

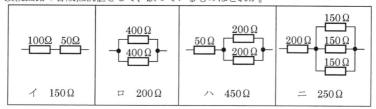

22 文中の(　　)内に当てはまる語句として、適切なものはどれか。
　　熱電対の2つの接合点に温度差を与えると起電力が発生する現象を(　　)という。
　　　イ　トムソン効果
　　　ロ　ペルチェ効果
　　　ハ　ゼーベック効果
　　　ニ　ファラデー効果

23 圧力サージに関する記述として、正しいものはどれか。
　　　イ　作動油の容量が小さいほど、圧力サージは大きい。
　　　ロ　管路の波動伝ぱ速度が速いほど、圧力サージは大きい。
　　　ハ　作動油の密度が小さいほど、圧力サージは大きい。
　　　ニ　作動油の流速変化が小さいほど、圧力サージは大きい。

24 油圧機器に関する記述として、正しいものはどれか。
　　　イ　ねじポンプは、油が連続的に軸方向に送り出され、吐出し流れの脈動がない。
　　　ロ　カウンタバランス弁は、2本のシリンダを同調させるときに使用する流量制御弁である。
　　　ハ　油圧回路の一部を主回路より一段低い圧力で使用したい場合に用いるものをリリーフ弁という。
　　　ニ　スロットル弁は、INとOUTの差圧が変化しても、通過流量は一定である。

25 文中の(　　)内に当てはまる数値として、正しいものはどれか。
　　労働安全衛生法関係法令によれば、機械間又はこれと他の設備との間に設ける通路については、幅(　　)以上のものとしなければならないと規定されている。
　　　イ　30 cm
　　　ロ　40 cm
　　　ハ　60 cm
　　　ニ　80 cm

# 平成 30 年度 技能検定
# 1 級 空気圧装置組立て 学科試験問題
# （空気圧装置組立て作業）

1. 試験時間　1時間 40 分
2. 問題数　　50 題(A 群 25 題、B 群 25 題)
3. 注意事項
   （1）　係員の指示があるまで、この表紙はあけないでください。
   （2）　答案用紙(真偽法と多肢択一法の併用)に検定職種名、作業名、級別、受検番号、氏名を必ず記入してください。
   （3）　係員の指示に従って、問題数を確かめてください。それらに異常がある場合は、黙って手を挙げてください。問題は A 群(真偽法)と B 群(多肢択一法)とに分かれています。
   （4）　試験開始の合図で始めてください。
   （5）　解答の方法(真偽法と多肢択一法の併用)は次のとおりです。
   　　イ．　A 群の問題(真偽法)は、一つ一つの問題の内容が正しいか、誤っているかを判断して解答してください。
   　　ロ．　B 群の問題(多肢択一法)は、正解と思うものを一つだけ選んで、解答してください。二つ以上に解答した場合は誤答となります。
   　　ハ．　答案用紙(マークシート用紙)へ解答する際は、答案用紙に記載されている注意事項に従ってください。
   　　ニ．　答案用紙の解答欄は、A 群の問題と B 群の問題とでは異なります。所定の解答欄に、試験問題の題数に応じて解答してください。解答欄は A 群は 50 題まで、B 群は 25 題まで解答できるようになっています。
   （6）　電子式卓上計算機その他これと同等の機能を有するものは、使用してはいけません。
   （7）　携帯電話等は、使用してはいけません。
   （8）　試験中、質問があるときは、黙って手を挙げてください。ただし、試験問題の内容、漢字の読み方等に関する質問にはお答えできません。
   （9）　試験終了時刻前に解答ができあがった場合は、黙って手を挙げて、係員の指示に従ってください。
   （10）　試験中に手洗いに立ちたいときは、黙って手を挙げて、係員の指示に従ってください。
   （11）　試験終了の合図があったら、筆記用具を置き、係員の指示に従ってください。

[A群(真偽法)]

1 圧縮空気を膨張させる場合、断熱変化よりも等温変化をさせる方が、エネルギー損失は少ない。

2 同じ断面積の配管内で、定常状態で一定温度の圧縮空気の流れでは、上流側よりも下流側の方が流速は速い。

3 デュアルストロークシリンダは、ピストンを2枚連ねて2倍の出力が得られるようにしたものである。

4 減圧弁の二次側圧力を全て抜くためには、一次側に残圧排気弁を取り付け、一次側から抜くとよい。

5 シャトル弁を使用してOR回路を組む場合、シャトル弁は入力信号数と同じ数だけ必要である。

6 内部パイロット形3位置方向制御弁の両方のACソレノイドに同時に通電すると、プランジャが動かないので、コイルが焼損する。

7 空気圧回路におけるシーケンス制御は、一般に、位置、時間及び圧力によるものがある。

8 片ロッド複動シリンダの押し側推力と引き側推力を個々に調整したい場合、シリンダと切換弁の間にノンリリーフ形の減圧弁を使用する。

9 バルブなどに備える代替操作手段のうち、正規操作に優先して操作ができる代替操作手段をオーバライド操作という。

10 計量法では、圧力の計量単位をパスカル又はニュートン毎平方メートル、バールと定めている。

11 ストロークの長い空気圧シリンダを水平に取り付ける場合、ブシュにかかる横荷重を考慮すると、クレビス取付形式よりもトラニオン取付形式の方が望ましい。

12 圧縮機の設置はドレンの発生を少なくするために、外部とは遮断された密閉空間で外部の温度・湿度の影響を受けにくい場所を選択する。

13 空気圧シリンダ磁気近接スイッチの二線式無接点タイプで、リード線の長さが10mを超える場合は、保護回路をスイッチの近くに直列に接続する。

14 空気圧縮機の吸込空気は、温度が10℃上昇すると3～4%ほど圧縮機の効率が向上するため、温度が高いほど省エネルギーになる。

[A群(真偽法)]

15　ボックス内の電磁弁が排気とともにドレンを排出し、電磁コイルが絶縁不良を起こした場合は、うなりを発生する。

16　ハンド(グリッパ)のフィンガー部分のガタが増える原因の一つにアタッチメントが長く重すぎることがある。

17　オイルミストフィルタのエレメントは、一次側と二次側の圧力降下を0.1MPa以内に管理する必要がある。

18　冷凍式エアドライヤの出口側で水滴が生じる原因の一つには、入口空気温度が高すぎることが考えられる。

19　スイッチ付きシリンダのチューブに使用される材料は、ピストンに取り付けられた磁石に反応するため、強磁性材料が使用される。

20　常用するはめあい方式の穴基準H6における「すきまばめ」において、最もすきまが小さく公差のせまいものは、H6h5の組合せである。

21　実効値200Vの正弦波交流電圧の最大値は、約283Vである。

22　50Hz定格の交流ソレノイドに60Hzの電圧を印加すると、その吸引力が強くなる。

23　油圧用アキュムレータは、回路内に溜まったエア抜き用として使われる。

24　油圧ポンプの容積効率とは、実際に測定した押しのけ容積と理論押しのけ容積(幾何学的)との比である。

25　空気圧システムを非常停止し、圧縮空気を供給停止した場合、再起動までシステム内の残圧は保持しなければならない。

[B群(多肢択一法)]

1　次の記述のうち、誤っているものはどれか。
　　イ　空気中の水分量を知る尺度としての湿度は、一般に、絶対湿度で表される。
　　ロ　空気中の水分が飽和水蒸気量を超えると、凝縮して水滴となる。
　　ハ　空気中に分水が蒸気として存在し得る量は、温度によって限界があり、その量を飽和水蒸気量という。
　　ニ　一定圧力下で温度を下げていった際に、水蒸気が飽和状態となり凝縮して水滴になり始める時の温度のことを露点という。

2　空気の状態変化とポリトロープ指数に関する記述として、正しいものはどれか。
　　イ　空気を等積変化させた場合のポリトロープ指数は、0.5である。
　　ロ　空気を等圧変化させた場合のポリトロープ指数は、1である。
　　ハ　空気を等温変化させた場合のポリトロープ指数は、1.25である。
　　ニ　空気を断熱変化させた場合のポリトロープ指数は、1.4である。

3　文中の(　　)内に当てはまる語句の組合せとして、適切なものはどれか。
　電磁弁のソレノイドに流れる電流値は、ACソレノイドの場合、プランジャの位置により異なる。プランジャが吸着され、固定鉄心との距離が小さくなると離れているときに比べて、電流値が(　①　)なる。このプランジャが吸着されているときの電流を(　②　)という。
　　　　　　　　　①　　　　　　②
　　イ　大きく　　　始動電流
　　ロ　小さく　　　保持電流
　　ハ　大きく　　　保持電流
　　ニ　小さく　　　始動電流

4　文中の(　　)内に当てはまる語句の組合せとして、正しいものはどれか。
　日本工業規格(JIS)によれば、空気圧用速度制御弁の使用条件として、使用圧力は(　①　)〜(　②　)と規定されている。
　　　　　　　　　①　　　　　　②
　　イ　0.05 MPa　　0.6 MPa
　　ロ　0.05 MPa　　0.7 MPa
　　ハ　0.10 MPa　　0.7 MPa
　　ニ　0.10 MPa　　0.8 MPa

［B群(多肢択一法)］

5 下図の回路を用いた水平駆動する空気圧シリンダに関する記述として、適切なものはどれか。

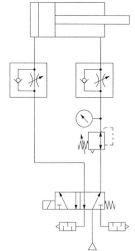

 イ　ロッドの押し引きの推力を同じにできる。
 ロ　空気の消費量を削減できる。
 ハ　ロッドの引き時の作動を早くできる。
 ニ　ロッドの押し時の作動を滑らかにできる。

6 パルス変調信号で、デューティ比を変えることで制御する方式はどれか。
 イ　パルス振幅変調(PAM)
 ロ　パルス位置変調(PPM)
 ハ　パルス幅変調(PWM)
 ニ　パルス周波数変調(PFM)

7 フィードバック制御に関する記述として、適切でないものはどれか。
 イ　制御対象の現象を用いて、目標値に一致させようとする制御のことである。
 ロ　出力側の信号を入力側に戻す信号経路が存在し、閉ループを形成する。
 ハ　制御対象の現象で比較・演算を行うので、反応遅れが出てしまう。
 ニ　制御対象の現象を予測し、あらかじめ目標値を調整する制御のことである。

8 リリーフ弁の機能を表す記述として、正しいものはどれか。
 イ　機器、管などの破壊を防止するために回路の最高圧力を制限する。
 ロ　入口圧力又は出口流量が変化しても、入口圧力よりも低い範囲で出口圧力をほぼ一定に保つ。
 ハ　回路内の圧力を設定値に保持するために、流体の一部又は全部を逃がす。
 ニ　外部パイロット圧力が所定の圧力に達すると、入口側からタンク側への自由流れを許す。

9 空気圧装置に使われるブルドン管圧力計に関する記述として、誤っているものはどれか。
 イ 圧力計は、正のゲージ圧を測定するものである。
 ロ 真空計は、負のゲージ圧を測定するものである。
 ハ 精度等級は、日本工業規格(JIS)では、0.6、1.0、1.6、2.5及び4.0級の5等級に分類されている。
 ニ 圧力変動が激しい場合、全て耐振用を使用する。

10 空気圧装置の調整及び運転に関する記述として、誤っているものはどれか。
 イ 供給圧力は、設定値に調整する。
 ロ ルブリケータの滴下油量は、閉状態から開状態へ調整する。
 ハ 速度制御弁は、閉状態から開状態へ調整する。
 ニ 空気圧シリンダのクッションは、開状態から閉状態へ調整する。

11 空気圧シリンダに関する記述として、誤っているものはどれか。
 イ フート取付け形式の空気圧シリンダを組み付けるに当たって、取付け面の平面度が出ていることを確認した。
 ロ 空気圧シリンダを組み付けた後に、ピストンロッドと負荷の芯出し確認のために高圧による作動確認をした。
 ハ 長ストロークの空気圧シリンダを使用するに当たって、ピストンロッドの座屈強度計算を実施して使用可能限界内であることを確認した。
 ニ 給油仕様の空気圧シリンダを使用するに当たって、ルブリケータの潤滑油がタービン油であることを確認した。

12 空気圧縮機の運転に関する記述として、適切なものはどれか。
 イ 空気圧縮機のベルトには、潤滑のためグリースを塗る。
 ロ 潤滑油の給油は、空気圧縮機の運転中に行う。
 ハ 潤滑油温は、空気圧縮機の運転中に日常点検する。
 ニ 断水したときは、オイルクーラ及びアフタクーラの冷却水出口の排水弁を閉じて運転する。

13 仕様が、最高使用圧力1.5MPa、最高作動圧力差0.7MPa、最低作動圧力差0MPaの電磁弁を、出口圧力0.3MPaの回路の開閉用に設置した。このときに設定できる入口圧力の最大値として、正しいものはどれか。
 イ 1.5MPa
 ロ 1.2MPa
 ハ 1.0MPa
 ニ 0.7MPa

[B群(多肢択一法)]

14　空気圧フィルタのフロート式自動排水装置が作動しない原因として、適切なものはどれか。
　　イ　フィルタ内部の圧力が高すぎる。
　　ロ　フィルタ内の空気の流速が速すぎる。
　　ハ　ドレンがバッフルを超えて溜まった。
　　ニ　自動排水装置の弁部に異物が詰まっている。

15　調整ハンドルをゆるめても、二次側に空気漏れが継続している減圧弁の不具合原因として、適切でないものはどれか。
　　イ　主弁ステム作動部へのゴミの噛み込み
　　ロ　主弁部のゴミの噛み込み・キズ
　　ハ　調整ばねの折損
　　ニ　弁ばねの折損

16　ドレン対策として、正しいものはどれか。
　　イ　個々の分岐点では、主送気管から立上がり支管で空気を取り出す。
　　ロ　主送気管には、空気の流れ方向に1／100の上り勾配を設ける。
　　ハ　梅雨時は、冷凍式エアドライヤの圧力露点を0℃よりも低くする。
　　ニ　冬場は、空気が乾燥しているので、エアドライヤの運転を止める。

17　無給油空気圧シリンダの分解メンテナンスに関する記述として、正しいものはどれか。
　　イ　ピストンロッドの表面を鏡面状に研磨した。
　　ロ　ピストンパッキンへのグリース塗布を、ピストン溝への装着後に行った。
　　ハ　ピストンでシリンダチューブの端に掻き出されてきた余分なグリースを拭き取った。
　　ニ　組上げ後にピストンロッドを引き出して、表面のグリースをよく拭き取った。

18　プラスチック材に関する記述として、適切でないものはどれか。
　　イ　ABS樹脂は、耐衝撃性に優れ、表面光沢及びめっき性も良いので、広範囲に使用される。
　　ロ　アクリル樹脂は、透明度が高く表面光沢も優れているので、透明部品に使用される。
　　ハ　ポリアミド樹脂は、耐摩耗性、耐熱性及び耐薬品性が良いので、機械部品の歯車などに使用される。
　　ニ　ポリカーボネート樹脂は、透明度が高く、耐熱性及び耐溶剤性に優れ、強じんな材質である。

19　日本工業規格(JIS)によれば、下図の記号の名称として、正しいものはどれか。

　　イ　差圧計
　　ロ　流量計
　　ハ　トルクメータ
　　ニ　回転計

20　日本工業規格(JIS)によれば、空気圧縮機の図記号として、正しいものはどれか。

　　　イ　　　　　　　　　ロ　　　　　　　　　ハ　　　　　　　　　ニ

21　下図の電気回路図において、各電圧 $V_1$、$V_2$及び$V_3$の関係を表す式として、誤っているものはどれか。

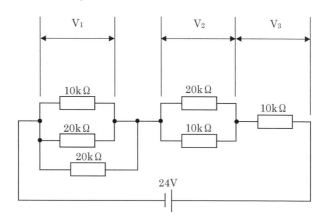

　　イ　$V_1 + V_2 + V_3 = 24$
　　ロ　$V_1 = V_2$
　　ハ　$V_1 < V_3$
　　ニ　$V_1 + V_2 > V_3$

［B群(多肢択一法)］

22　アクチュエータでないものはどれか。
　　　イ　交流電動機
　　　ロ　直流電動機
　　　ハ　サーボモータ
　　　ニ　発電機

23　油圧配管中の圧力損失と、正の相関関係を持たないものはどれか。
　　　イ　油の粘度
　　　ロ　配管の長さ
　　　ハ　配管の内径
　　　ニ　油の流速

24　文中の(　　)内に当てはまる語句の組合せとして、適切なものはどれか。
　　油圧のリリーフ弁は(　①　)の一つであり、所定の(　②　)になると余剰の油をタンクへ逃がすことによって、(　②　)を一定に保つ働きをする。
　　　　　　　　　　　①　　　　　　②
　　　イ　圧力制御弁　　圧力
　　　ロ　速度制御弁　　速度
　　　ハ　圧力制御弁　　速度
　　　ニ　速度制御弁　　圧力

25　日本工業規格(JIS)によれば、水に対する保護等級IPX7の第二特性数字「7」の説明として、正しいものはどれか。
　　　イ　噴流に対して保護する。
　　　ロ　暴噴流に対して保護する。
　　　ハ　水に浸しても影響がないように保護する。
　　　ニ　潜水状態での使用に対して保護する。

# 平成 29 年度 技能検定
# 1 級 空気圧装置組立て 学科試験問題
# (空気圧装置組立て作業)

1. 試験時間　　1 時間 40 分
2. 問題数　　　50 題(A 群 25 題、B 群 25 題)
3. 注意事項
   （1）　係員の指示があるまで、この表紙はあけないでください。
   （2）　答案用紙(真偽法と多肢択一法の併用)に検定職種名、作業名、級別、受検番号、氏名を必ず記入してください。
   （3）　係員の指示に従って、問題数を確かめてください。それらに異常がある場合は、黙って手を挙げてください。問題は A 群(真偽法)と B 群(多肢択一法)とに分かれています。
   （4）　試験開始の合図で始めてください。
   （5）　解答の方法(真偽法と多肢択一法の併用)は次のとおりです。
   　　　イ．　A 群の問題(真偽法)は、一つ一つの問題の内容が正しいか、誤っているかを判断して解答してください。
   　　　ロ．　B 群の問題(多肢択一法)は、正解と思うものを一つだけ選んで、解答してください。二つ以上に解答した場合は誤答となります。
   　　　ハ．　答案用紙(マークシート用紙)へ解答する際は、答案用紙に記載されている注意事項に従ってください。
   　　　ニ．　答案用紙の解答欄は、A 群の問題と B 群の問題とでは異なります。所定の解答欄に、試験問題の題数に応じて解答してください。解答欄は A 群は 50 題まで、B 群は 25 題まで解答できるようになっています。
   （6）　電子式卓上計算機その他これと同等の機能を有するものは、使用してはいけません。
   （7）　携帯電話等は、使用してはいけません。
   （8）　試験中、質問があるときは、黙って手を挙げてください。ただし、試験問題の内容、漢字の読み方等に関する質問にはお答えできません。
   （9）　試験終了時刻前に解答ができあがった場合は、黙って手を挙げて、係員の指示に従ってください。
   （10）　試験中に手洗いに立ちたいときは、黙って手を挙げて、係員の指示に従ってください。
   （11）　試験終了の合図があったら、筆記用具を置き、係員の指示に従ってください。

[A群(真偽法)]

1 チョーク流れとは、上流側圧力が下流側圧力に対して高いとき、機器のある部分で速度が音速になる流れをいう。

2 異なる温度の湿り空気は、相対湿度が等しければ露点も等しい。

3 エアモータは、負荷変動があっても回転数を維持する働きがあり、常に一定のトルクを発生させることができる。

4 空油変換器は、空気圧力を高圧の油圧に変換する機器である。

5 ブレーキ付複動空気圧シリンダを3ポート電磁弁で作動させる回路では、一般的に、シリンダ部とブレーキ部のいずれにもノーマルクローズ形3ポート電磁弁が使用される。

6 2個の3ポートノーマルクローズ電磁弁を並列に用いることで、5ポート3位置クローズドセンタ電磁弁と同じ制御ができる。

7 日本工業規格(JIS)の電気技術文書によれば、タイムチャートは、目盛に対して時間軸を配置したシーケンスチャートである。

8 位置決め制御において、アブソリュート方式は、1回ごとの停止点を次の位置決めの起点として、指定された方向と距離により位置を示す相対番地方式のことである。

9 3位置弁の中央位置で出口ポートと排気ポートとが接続され、入口ポートが閉じている流れの形をクローズドセンタという。

10 ブルドン管圧力計は、ブルドン管を弾性素子に用いてブルドン管の圧力による変形量を機械的に拡大して直接ゲージ圧力を測定する単針・同心の丸形指示圧力計のことをいう。

11 工場内の主配管はドレンの排出を容易にするため、1/100程度の勾配をつけておく。

12 フート形シリンダを使用する場合は、ピストンロッド先端部と負荷との連結部にユニバーサルジョイントのような軸ずれを補正する機構を設けずに強固に組み付ける。

13 ルブリケータへ給油する潤滑油として推奨されるのは、タービン油(ISO VG32)である。

14 日本工業規格(JIS)によれば、空気圧システムにおけるリリーフ弁は、システム内の圧力が機器又は配管の最高使用圧力を超える可能性がある場合、機器又は配管の近くに設けなければならないと規定されている。

15 ピストン差圧で作動するパイロット式電磁弁で、パイロット弁を操作したときだけ、本体側面の空気抜きから空気が漏れるのは、主弁側のシールのみが不良のためである。

16 シリンダ用2線式無接点スイッチを複数直列に接続した回路で負荷が作動しない原因は、漏れ電流が増加するためである。

17 減圧弁は、設定圧力範囲と流量特性を満足したものを選定しなければならない。

18 プッシュイン継手に配管をする場合、ポリウレタンチューブは軟らかいので、チューブの外径精度は問題にならない。

19 水素化ニトリルゴムは、ニトリルゴムより、耐オゾン性に優れている。

20 日本工業規格(JIS)によれば、圧力スイッチ(電気機械式、調整式)は、下図の記号で表示する。

21 三相交流回路において、電圧200 Vで電流が50 A流れている電動機が10 kWの電力を消費したとき、力率は約90 %である。

22 下図におけるダイオードの位置は、DCソレノイドを用いたときのサージ電圧対策として正しい。

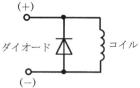

23 油圧回路における油タンクは、加圧状態の油をエネルギー源として蓄積するためにある。

24 油圧回路で使用する流量調整弁には圧力補償機能が備えられているので、入口圧力又は背圧の変化にかかわりなく、流量を所定の値に保持することができる。

25 労働安全衛生法関係法令によれば、使用圧力が0.5MPaの空気圧シリンダで、チューブ内径が200mm、かつ、ストロークが1000mmのものは、第二種圧力容器に該当する。

[B群(多肢択一法)]

1　温度29℃、相対湿度60 %の湿潤空気を、温度24℃まで冷却した場合の相対湿度として適切なものはどれか。ただし、29℃の飽和水蒸気圧は40 hPa、24℃の飽和水蒸気圧は30 hPaとする。

　　イ　75 %

　　ロ　80 %

　　ハ　85 %

　　ニ　90 %

2　空気圧の基礎理論に関する記述として、誤っているものはどれか。

　　イ　一定量の気体を定温下で圧力を変えると、その体積は圧力に反比例する。

　　ロ　一定量の気体を定圧のもとで温度変化させると、その体積は絶対温度に比例する。

　　ハ　ボイル・シャールの法則に従う気体を完全気体(理想気体)という。

　　ニ　気体の状態変化は、等温変化、断熱変化、ポリトロープ変化及び等圧変化の4つに限られる。

3　容積形でない空気圧縮機はどれか。

　　イ　スクロール式圧縮機

　　ロ　往復式圧縮機

　　ハ　スクリュー式圧縮機

　　ニ　ターボ式圧縮機

4　文中の(　　　)内に当てはまる数値の組合せとして、適切なものはどれか。

　　日本工業規格(JIS)によれば、空気圧用消音器の耐圧試験は、消音器の内部に異物を入れて目詰まりさせ、最高使用圧力の(　①　)の圧力を(　②　)保持し、有害な欠陥の有無を調べる。

　　　　　　　①　　　　　　②

　　イ　1.5倍　　　　　2分間

　　ロ　1.5倍　　　　　1分間

　　ハ　1.25倍　　　　2分間

　　ニ　1.25倍　　　　1分間

5　下図に示す差動回路に関する記述として、誤っているものはどれか。

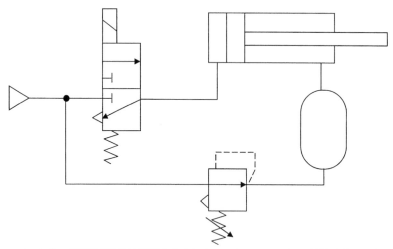

イ　シリンダ速度が比較的低速となるため、スティックスリップ現象を起こし易い。

ロ　ノンリリーフ形減圧弁を使用するとシリンダの内部空気漏れがある場合、キャップ側、ロッド側の圧力差のため、前進動作ができなくなる危険性がある。

ハ　ロッド側へのエア供給が遮断されず常にエアを供給している状態となるため、空気消費量は多くなる。

ニ　空気タンクを設けないで使用するとロッド側の配管容積が少ない場合、ロッド側圧力が上昇するため、前進動作ができなくなる危険性がある。

［B群(多肢択一法)］

6　下図は、アナログ信号とアナログ信号に対応した各種パルス変調信号を示したものである。変調信号の図の符号と呼び名について、誤っているものはどれか。

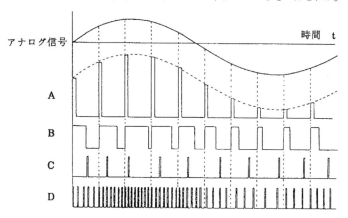

　　イ　Aは、パルス振幅変調(PAM)である。
　　ロ　Bは、パルス幅変調(PWM)である。
　　ハ　Cは、パルス位置変調(PPM)である。
　　ニ　Dは、パルス符号変調(PCM)である。

7　シーケンス制御に関する記述として、誤っているものはどれか。
　　イ　有接点リレーを用いて、制御回路を作ることができる。
　　ロ　動作に対する外乱要素が多い環境の制御に適している。
　　ハ　決められた動作を繰返し行う、自動制御に適している。
　　ニ　あらかじめ定められた順序に従って、各段階を逐次進めていく制御である。

8　文中の(　　)内に当てはまる語句の組合せとして、適切なものはどれか。
　　空気圧機器が作動を始める最低の圧力を(　①　)といい、機器の作動を保証できる最低の圧力を(　②　)という。
　　　　　　　　　①　　　　　　　　②
　　イ　最低作動圧力　　最低使用圧力
　　ロ　最低作動圧力　　最低始動圧力
　　ハ　始動圧力　　　　最低作動圧力
　　ニ　始動圧力　　　　最低使用圧力

9 日本工業規格(JIS)によれば、マイクロメータに関する記述として、誤っているものはどれか。

   イ マイクロメータにおけるスリーブ及びシンブルの目盛形式には、ねじのピッチ0.5mmと1.0mmの2種類がある。

   ロ 指示誤差とは、マイクロメータの指示値から対応する入力量としての真の値を差し引いた値のことをいう。

   ハ スピンドルをクランプ装置などによって固定する場合(クランプ装置を備えている場合)、スピンドルは確実に固定でき、指示値の変化は、$2\mu$mを超えてはならない。

   ニ 外側マイクロメータのスピンドルの送り誤差は、$7\mu$mである。

10 空油変換器を用いた装置に関する記述として、正しいものはどれか。

   イ 空油変換器から配管を立ち上げ、低油圧シリンダに接続する。

   ロ 低油圧シリンダよりも、空油変換器を高い位置に設置する。

   ハ 空油変換器から低油圧シリンダまでの配管は、空気圧の場合よりも細い配管とする。

   ニ アクチュエータを作動させたとき、空油変換器の油面の速度を500mm/sにする。

11 搬送装置等の可動部分への電磁弁の取付けに関する記述として、適切でないものはどれか。

   イ スプール弁は、運動方向と直角になるように取り付ける。

   ロ メタルシールスプール弁には、デテント機構付きの電磁弁を取り付ける。

   ハ スプール弁は、運動方向と平行になるように取り付ける。

   ニ 特定の信号が入るまで弁体の位置を保持するラッチ機構付きの電磁弁を取り付ける。

12 空気圧に関する記述として、誤っているものはどれか。

   イ エンドロック付シリンダを5ポート3位置プレッシャセンタ形電磁弁を用いて駆動させる。

   ロ 装置の圧縮空気供給側に圧力スイッチと残圧排気弁を取り付ける。

   ハ ルブリケータは、必ずしもエアフィルタ、レギュレータと一体で設置する必要はない。

   ニ 空気圧シリンダへの供給油量のおよその目安としては、空気消費量10m³(ANR)に対して1〜2cm³としている。

[B群(多肢択一法)]

13　吸着搬送用に使用される真空機器に関する記述として、誤っているものはどれか。
　　イ　ダンボールなどの通気性があるワークの場合は、吸込流量が多いタイプより、真空圧力が高いタイプを使用する。
　　ロ　真空圧力を上げると、真空吸着パッドの吸着力は高くなる。
　　ハ　ワークをパッドから離脱させるため、真空用切換弁を閉じ、正圧をパッドへ供給する。
　　ニ　真空エジェクタ(真空発生器)は、圧縮空気をノズルから高速で放出して真空を発生させる機器である。

14　外力が作用せず水平に移動する台車を片ロッド形の空気圧シリンダを使用して高速で駆動している。プレッシャセンタ形3位置電磁弁を使用し中間停止を行っていたが、中間停止時の台車位置が微速度でシリンダのロッドが出る方向へ移動する故障が発生した。その原因の発見方法として、適切なものはどれか。
　　イ　シリンダに外部漏れがないか石鹸水を使用して確認する。
　　ロ　シリンダに内部漏れがないか配管を外して確認する。
　　ハ　バルブに漏れがないか確認する。
　　ニ　設定圧力が変化していないか確認する。

15　油圧ショックアブソーバのピストンロッドがフルストロークしない原因として、正しいものはどれか。
　　イ　ショックアブソーバ内部に空気が混入している。
　　ロ　衝突物のエネルギーが、ショックアブソーバの吸収エネルギーより大きい。
　　ハ　ロッド部に液体がかかり、ショックアブソーバ内に液体が入った。
　　ニ　ショックアブソーバへの衝突速度が速すぎる。

16　次の空気圧システムの点検項目のうち、最も頻度を高く実施すべきものはどれか。
　　イ　冷凍式エアドライヤの凝縮器(コンデンサ)の目詰まり点検
　　ロ　空気タンク、その他のドレン排出場所のドレン抜きの点検
　　ハ　圧縮機の潤滑油量の確認と補給及びベルトの張り具合の点検
　　ニ　空気漏れの点検及びアクチュエータの緩み、ガタツキの点検

17　空気圧用シールの保管及び使用上の注意に関する記述として、誤っているものはどれか。
　　イ　シールが接触する相手面において密閉性を保つため、通常、角には丸みを付けない。
　　ロ　シール装着後の機器の保管場所は、直射日光を避け、湿度が低く、年間を通じて温度37℃を超えないことが望ましい。
　　ハ　装着を容易にするため、一般に、シールには潤滑油やグリースを十分塗布してから装着する。
　　ニ　ごみや異物がある雰囲気中でシールを使用する場合には、必ずワイパリングや防じんベローズ(又はブーツ)等を併用しなければならない。

18　ニトリルゴム(NBR)の特性に関する記述として、誤っているものはどれか。
　　イ　圧縮永久ひずみ、引張り強さ、耐摩耗性、耐油性が比較的優れているため、
　　　　油、燃料、水などのシール材料に幅広く使用されている。
　　ロ　ニトリルの割合が増加するにしたがって、耐摩耗性が向上する。
　　ハ　他のゴムに比較して価格が高いことが欠点である。
　　ニ　ニトリルの割合が増加するにしたがって、ガス透過性が小さくなる。

19　日本工業規格(JIS)によれば、下図の電気用図記号の名称として正しいものはどれ
　　か。

　　イ　非常停止スイッチ
　　ロ　手動操作のひねりスイッチ(非自動復帰)
　　ハ　手動操作の引きボタンスイッチ(自動復帰)
　　ニ　手動操作の押しボタンスイッチ(自動復帰)

20　日本工業規格(JIS)によれば、急速排気弁の図記号として正しいものはどれか。

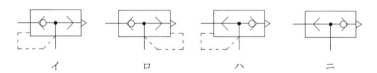

　　　　　イ　　　　　　　ロ　　　　　　　ハ　　　　　　　ニ

［B群(多肢択一法)］

21　下図の回路における電圧V₁、V₂の組合せとして、正しいものはどれか。

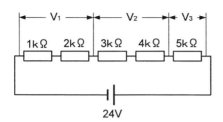

|   | V₁ | V₂ |
|---|------|-------|
| イ | 0.8V | 4.8V |
| ロ | 1.6V | 8.0V |
| ハ | 3.2V | 9.6V |
| ニ | 4.8V | 11.2V |

22　文中の(　　)内に当てはまる数値として、正しいものはどれか。
　　日本工業規格(JIS)の配線用ヒューズ通則によれば、A種ヒューズリンクは定格電流
　　の(　　)に等しい電流を協約不溶断電流とするものと規定されている。
　　　イ　105%
　　　ロ　110%
　　　ハ　120%
　　　ニ　130%

23　圧力サージに関する記述として、正しいものはどれか。
　　　イ　作動油の容量が小さいほど、圧力サージは大きい。
　　　ロ　管路の波動伝ぱ速度が速いほど、圧力サージは大きい。
　　　ハ　作動油の密度が小さいほど、圧力サージは大きい。
　　　ニ　作動油の流速変化が小さいほど、圧力サージは大きい。

24　文中の(　　)内に当てはまる語句として、適切なものはどれか。
　　油圧の方向制御弁でメタルシール構造のものは、内部漏れがあるため、停止位置を
　　保持する場合は、(　　)を併用することが望ましい。
　　　イ　カウンタバランス弁
　　　ロ　スロットルチェック弁
　　　ハ　パイロットチェック弁
　　　ニ　リリーフ弁

25 高圧ガスに対する規制の適用に関する記述として、正しいものはどれか。

イ 窒素ガス等のボンベも適用除外となったので、5MPa以下に減圧すれば試験
　 等で用いることが容易となった。

ロ 窒素ガス等のボンベも適用除外となったが、充填圧が5MPaを超える場合は
　 適用されるので、注意が必要である。

ハ 35℃においてゲージ圧力5MPa以下の圧縮装置内における圧縮空気への適用
　 は除外される。

ニ 使用圧力が1MPa未満であれば、充填圧力が高くても適用範囲外である。

# 空気圧装置組立て

## 正解表

# 令和元年度　2級　実技試験（計画立案等作業試験）正解表
## 空気圧装置組立て（空気圧装置組立て作業）

| 問題 | 正　解 |
|---|---|

**1**

| ① | ② | ③ | ④ | ⑤ | ⑥ |
|---|---|---|---|---|---|
| セ | オ | ケ | ソ | シ | キ |

**2**

設問1

| 内径63mm | 内径80mm |
|---|---|
| 0.41 MPa | 0.25 MPa |

設問2

| 内径63mm | 内径80mm |
|---|---|
| 15.1 dm³(ANR) | 16.7 dm³(ANR) |

**3**

| ① | ② | ③ | ④ | ⑤ | ⑥ | ⑦ | ⑧ | ⑨ |
|---|---|---|---|---|---|---|---|---|
| ク | オ | キ | イ | コ | シ | ス | セ | ソ |

**4**

| ① | ② | ③ | ④ | ⑤ | ⑥ | ⑦ | ⑧ | ⑨ | ⑩ |
|---|---|---|---|---|---|---|---|---|---|
| ク | ケ | コ | ス | ト | エ | オ | セ | サ | チ |

**5**

| ① | ② | ③ | ④ | ⑤ |
|---|---|---|---|---|
| キ | オ | ケ | ク | エ |

**6**

| ① | ② | ③ | ④ | ⑤ | ⑥ |
|---|---|---|---|---|---|
| ○ | × | × | × | ○ | × |

## 平成 30 年度　2 級　実技試験（計画立案等作業試験）正解表
## 空気圧装置組立て（空気圧装置組立て作業）

| 問題 | 正　　解 |
|---|---|
| 1 | <table><tr><td>①</td><td>②</td><td>③</td><td>④</td><td>⑤</td><td>⑥</td><td>⑦</td><td>⑧</td><td>⑨</td><td>⑩</td></tr><tr><td>×</td><td>×</td><td>×</td><td>○</td><td>○</td><td>×</td><td>×</td><td>×</td><td>○</td><td>○</td></tr></table> |

| 問題 | 正　　解 |
|---|---|
| 2 | <table><tr><td>①</td><td>②</td><td>③</td><td>④</td><td>⑤</td></tr><tr><td>ク</td><td>カ</td><td>イ</td><td>ウ</td><td>セ</td></tr></table> |

| 問題 | 正　　解 |
|---|---|
| 3 | <table><tr><td>①</td><td>②</td><td>③</td><td>④</td><td>⑤</td><td>⑥</td><td>⑦</td><td>⑧</td></tr><tr><td>サ</td><td>タ</td><td>ウ</td><td>イ</td><td>ク</td><td>ス</td><td>ソ</td><td>エ</td></tr></table> |

| 問題 | 正　　解 |
|---|---|
| 4 | <table><tr><td>①</td><td>②</td><td>③</td><td>④</td><td>⑤</td></tr><tr><td>サ</td><td>オ</td><td>ク</td><td>コ</td><td>キ</td></tr></table> |

| 問題 | 正　　解 |
|---|---|
| 5 | エ |

| 問題 | 正　　解 |
|---|---|
| 6 | <table><tr><td>設問 1</td><td>設問 2</td><td>設問 3</td></tr><tr><td>ウ</td><td>ウ</td><td>イ</td></tr></table> |

# 平成29年度 2級 実技試験（計画立案等作業試験）正解表
## 空気圧装置組立て（空気圧装置組立て作業）

| 問題 | 正解 |
|---|---|
| 1 | 設問1<br><br>| A | B | C | D | E | F | G | H |<br>\|---\|---\|---\|---\|---\|---\|---\|---\|<br>\| ク \| ソ \| イ \| キ \| イ \| ソ \| イ \| イ \|<br><br>設問2<br><br>\| 問1 \| 問2 \|<br>\|---\|---\|<br>\| A \| エ \| |

設問1

| A | B | C | D | E | F | G | H |
|---|---|---|---|---|---|---|---|
| ク | ソ | イ | キ | イ | ソ | イ | イ |

設問2

| 問1 | 問2 |
|---|---|
| A | エ |

**2**

| 設問1 | 設問2 | 設問3 |
|---|---|---|
| E | 0.42 MPaG | ウ |

**3**

| ① | ② | ③ | ④ | ⑤ | ⑥ | ⑦ | ⑧ | ⑨ | ⑩ |
|---|---|---|---|---|---|---|---|---|---|
| ス | オ | ソ | エ | コ | タ | キ | シ | セ | サ |

**4**

| ① | ② | ③ | ④ | ⑤ | ⑥ | ⑦ | ⑧ | ⑨ | ⑩ |
|---|---|---|---|---|---|---|---|---|---|
| ウ | コ | オ | キ | イ | サ | ス | ソ | チ | テ |

**5**

| ① | ② | ③ | ④ | ⑤ |
|---|---|---|---|---|
| ウ | コ | キ | ク | エ |

**6**

設問1

| ⓐ | ⓑ | ⓒ | ⓓ |
|---|---|---|---|
| 5 | 1 | 6 | 8 |

設問2

| ⓐ | ⓑ | ⓒ | ⓓ |
|---|---|---|---|
| サ | エ | セ | ス |

## 令和元年度　1級　実技試験（計画立案等作業試験）正解表
## 空気圧装置組立て（空気圧装置組立て作業）

| 問題 | 正　解 |
|---|---|

**1**

設問1

| ① | ② | ③ | ④ | ⑤ | ⑥ | ⑦ | ⑧ | ⑨ |
|---|---|---|---|---|---|---|---|---|
| S | K | C | H | H | J | T | L | P |

設問2

| エ |
|---|

**2**

| 設問1 | 設問2 | 設問3 | 設問4 | 設問5 |
|---|---|---|---|---|
| イ | 0.42　MPaG | 0.19　MPaG | 5.90　dm³ (ANR) | 6　日目 |

**3**

設問1

| プレス用シリンダ | クランプ用シリンダ |
|---|---|
| オ | ア |

設問2

| オ |
|---|

設問3

| ア |
|---|

**4**

| 22 | 23 |
|---|---|

※順不同

**5**

| ① | ② | ③ | ④ | ⑤ |
|---|---|---|---|---|
| ア | ケ | エ | サ | セ |

**6**

| ① | ② | ③ | ④ | ⑤ | ⑥ | ⑦ | ⑧ |
|---|---|---|---|---|---|---|---|
| オ | ケ | エ | キ | サ | イ | ア | ク |

## 平成30年度 1級 実技試験（計画立案等作業試験）正解表
## 空気圧装置組立て（空気圧装置組立て作業）

| 問題 | 正　　　解 |
|---|---|

**1**

| A | B | C | D | E |
|---|---|---|---|---|
| カ | キ | キ | タ | ス |

**2**

| 設問1 | 設問2 | 設問3 | 設問4 |
|---|---|---|---|
| ケ | シ | イ | ス |

**3**

| ① | ② | ③ | ④ | ⑤ |
|---|---|---|---|---|
| ウ | シ | ク | エ ※ | オ ※ |

※順不同

**4**

| | A | B | C | D | E |
|---|---|---|---|---|---|
| 語群I | ア | ウ | エ | オ | イ |
| 語群II | 1 | 3 | 5 | 4 | 2 |

**5**

エ

**6**

エ

## 平成29年度　1級　実技試験（計画立案等作業試験）正解表
## 空気圧装置組立て（空気圧装置組立て作業）

| 問題 | 正　解 |
|---|---|

**問題 1**

設問1

| ① | ② | ③ | ④ | ⑤ | ⑥ | ⑦ | ⑧ | ⑨ | ⑩ |
|---|---|---|---|---|---|---|---|---|---|
| B | A | D | F | H | J | E | I | C | G |

設問2

| アーオ | イーエ | ウーサ | カーシ | キーコ | クーケ |
|---|---|---|---|---|---|

設問2は順不同及び記号を入れ替えても可。

**問題 2**

| 設問1 | 設問2 | 設問3 | 設問4 | 設問5 |
|---|---|---|---|---|
| イ | 0.35　MPaG | 0.16　MPaG | 5.18　dm³ (ANR) | 7　日目 |

**問題 3**

| ① | ② | ③ | ④ | ⑤ |
|---|---|---|---|---|
| サ | オ | ク | キ | エ |

**問題 4**

| ① | ② | ③ | ④ | ⑤ | ⑥ | ⑦ | ⑧ | ⑨ |
|---|---|---|---|---|---|---|---|---|
| 2 | 2 | 2 | 3 | 0 | 2 | 7 | 0 | 2 |

**問題 5**

設問1

| 1 | 2 | 3 | 4 |
|---|---|---|---|
| × | × | ○ | × |

設問2

| 1 | 2 | 3 | 4 | 5 |
|---|---|---|---|---|
| × | ○ | × | ○ | × |

**問題 6**

| ① | ② | ③ | ④ | ⑤ | ⑥ | ⑦ | ⑧ | ⑨ | ⑩ |
|---|---|---|---|---|---|---|---|---|---|
| チ | ス | ク | ケ | ウ | ア | オ | ツ | セ | ソ |

## 令和元年度　2級　学科試験正解表
### 空気圧装置組立て（空気圧装置組立て作業）

真偽法

| 番号 | 1 | 2 | 3 | 4 | 5 |
|---|---|---|---|---|---|
| 正解 | ○ | ○ | × | × | × |

| 番号 | 6 | 7 | 8 | 9 | 10 |
|---|---|---|---|---|---|
| 正解 | ○ | ○ | ○ | × | ○ |

| 番号 | 11 | 12 | 13 | 14 | 15 |
|---|---|---|---|---|---|
| 正解 | × | ○ | ○ | × | × |

| 番号 | 16 | 17 | 18 | 19 | 20 |
|---|---|---|---|---|---|
| 正解 | × | ○ | × | × | × |

| 番号 | 21 | 22 | 23 | 24 | 25 |
|---|---|---|---|---|---|
| 正解 | ○ | × | ○ | ○ | ○ |

択一法

| 番号 | 1 | 2 | 3 | 4 | 5 |
|---|---|---|---|---|---|
| 正解 | イ | ハ | ハ | ハ | ハ |

| 番号 | 6 | 7 | 8 | 9 | 10 |
|---|---|---|---|---|---|
| 正解 | ロ | ロ | ニ | ロ | ロ |

| 番号 | 11 | 12 | 13 | 14 | 15 |
|---|---|---|---|---|---|
| 正解 | ハ | イ | ニ | ロ | イ |

| 番号 | 16 | 17 | 18 | 19 | 20 |
|---|---|---|---|---|---|
| 正解 | ハ | イ | ハ | ロ | ロ |

| 番号 | 21 | 22 | 23 | 24 | 25 |
|---|---|---|---|---|---|
| 正解 | ハ | ハ | イ | ハ | ハ |

## 平成30年度　2級　学科試験正解表
### 空気圧装置組立て（空気圧装置組立て作業）

真偽法

| 番号 | 1 | 2 | 3 | 4 | 5 |
|---|---|---|---|---|---|
| 正解 | × | ○ | × | × | × |

| 番号 | 6 | 7 | 8 | 9 | 10 |
|---|---|---|---|---|---|
| 正解 | × | ○ | ○ | × | × |

| 番号 | 11 | 12 | 13 | 14 | 15 |
|---|---|---|---|---|---|
| 正解 | ○ | × | × | × | ○ |

| 番号 | 16 | 17 | 18 | 19 | 20 |
|---|---|---|---|---|---|
| 正解 | × | ○ | ○ | × | × |

| 番号 | 21 | 22 | 23 | 24 | 25 |
|---|---|---|---|---|---|
| 正解 | ○ | ○ | ○ | ○ | ○ |

択一法

| 番号 | 1 | 2 | 3 | 4 | 5 |
|---|---|---|---|---|---|
| 正解 | ハ | ロ | イ | ロ | ハ |

| 番号 | 6 | 7 | 8 | 9 | 10 |
|---|---|---|---|---|---|
| 正解 | ロ | ハ | ニ | ロ | ニ |

| 番号 | 11 | 12 | 13 | 14 | 15 |
|---|---|---|---|---|---|
| 正解 | ニ | イ | ハ | ニ | ニ |

| 番号 | 16 | 17 | 18 | 19 | 20 |
|---|---|---|---|---|---|
| 正解 | ロ | ロ | ハ | ロ | イ |

| 番号 | 21 | 22 | 23 | 24 | 25 |
|---|---|---|---|---|---|
| 正解 | ハ | ニ | イ | ハ | ニ |

# 平成29年度　2級　学科試験正解表
## 空気圧装置組立て（空気圧装置組立て作業）

真偽法

| 番号 | 1 | 2 | 3 | 4 | 5 |
|------|---|---|---|---|---|
| 解答 | ○ | ○ | ○ | X | X |

| 番号 | 6 | 7 | 8 | 9 | 10 |
|------|---|---|---|---|----|
| 解答 | ○ | ○ | ○ | X | ○ |

| 番号 | 11 | 12 | 13 | 14 | 15 |
|------|----|----|----|----|----|
| 解答 | ○ | ○ | X | ○ | X |

| 番号 | 16 | 17 | 18 | 19 | 20 |
|------|----|----|----|----|----|
| 解答 | X | ○ | ○ | X | X |

| 番号 | 21 | 22 | 23 | 24 | 25 |
|------|----|----|----|----|----|
| 解答 | ○ | ○ | X | X | ○ |

択一法

| 番号 | 1 | 2 | 3 | 4 | 5 |
|------|---|---|---|---|---|
| 解答 | イ | イ | ハ | ニ | イ |

| 番号 | 6 | 7 | 8 | 9 | 10 |
|------|---|---|---|---|----|
| 解答 | ロ | ロ | ロ | イ | ニ |

| 番号 | 11 | 12 | 13 | 14 | 15 |
|------|----|----|----|----|----|
| 解答 | ハ | ニ | ハ | ハ | ロ |

| 番号 | 16 | 17 | 18 | 19 | 20 |
|------|----|----|----|----|----|
| 解答 | ロ | イ | ロ | ロ | ハ |

| 番号 | 21 | 22 | 23 | 24 | 25 |
|------|----|----|----|----|----|
| 解答 | ニ | イ | ロ | ハ | ニ |

# 令和元年度　1級　学科試験正解表
## 空気圧装置組立て（空気圧装置組立て作業）

真偽法

| 番号 | 1 | 2 | 3 | 4 | 5 |
|---|---|---|---|---|---|
| 正解 | X | ○ | ○ | X | X |

| 番号 | 6 | 7 | 8 | 9 | 10 |
|---|---|---|---|---|---|
| 正解 | X | X | ○ | ○ | ○ |

| 番号 | 11 | 12 | 13 | 14 | 15 |
|---|---|---|---|---|---|
| 正解 | X | X | X | ○ | X |

| 番号 | 16 | 17 | 18 | 19 | 20 |
|---|---|---|---|---|---|
| 正解 | ○ | X | X | ○ | X |

| 番号 | 21 | 22 | 23 | 24 | 25 |
|---|---|---|---|---|---|
| 正解 | X | ○ | ○ | ○ | X |

択一法

| 番号 | 1 | 2 | 3 | 4 | 5 |
|---|---|---|---|---|---|
| 正解 | ロ | ロ | イ | イ | ニ |

| 番号 | 6 | 7 | 8 | 9 | 10 |
|---|---|---|---|---|---|
| 正解 | ロ | ロ | ニ | ハ | イ |

| 番号 | 11 | 12 | 13 | 14 | 15 |
|---|---|---|---|---|---|
| 正解 | ロ | イ | ロ | ハ | ニ |

| 番号 | 16 | 17 | 18 | 19 | 20 |
|---|---|---|---|---|---|
| 正解 | ロ | イ | イ | ロ | ロ |

| 番号 | 21 | 22 | 23 | 24 | 25 |
|---|---|---|---|---|---|
| 正解 | ハ | ハ | ロ | イ | ニ |

# 平成30年度　1級　学科試験正解表
## 空気圧装置組立て（空気圧装置組立て作業）

真偽法

| 番号 | 1 | 2 | 3 | 4 | 5 |
|---|---|---|---|---|---|
| 正解 | ○ | ○ | X | X | X |

| 番号 | 6 | 7 | 8 | 9 | 10 |
|---|---|---|---|---|---|
| 正解 | X | ○ | X | ○ | ○ |

| 番号 | 11 | 12 | 13 | 14 | 15 |
|---|---|---|---|---|---|
| 正解 | ○ | X | ○ | X | X |

| 番号 | 16 | 17 | 18 | 19 | 20 |
|---|---|---|---|---|---|
| 正解 | ○ | ○ | ○ | X | ○ |

| 番号 | 21 | 22 | 23 | 24 | 25 |
|---|---|---|---|---|---|
| 正解 | ○ | X | X | ○ | X |

択一法

| 番号 | 1 | 2 | 3 | 4 | 5 |
|---|---|---|---|---|---|
| 正解 | イ | ニ | ロ | ロ | ロ |

| 番号 | 6 | 7 | 8 | 9 | 10 |
|---|---|---|---|---|---|
| 正解 | ハ | ニ | ハ | ニ | ニ |

| 番号 | 11 | 12 | 13 | 14 | 15 |
|---|---|---|---|---|---|
| 正解 | ロ | ハ | ハ | ニ | ハ |

| 番号 | 16 | 17 | 18 | 19 | 20 |
|---|---|---|---|---|---|
| 正解 | イ | ハ | ニ | ハ | ロ |

| 番号 | 21 | 22 | 23 | 24 | 25 |
|---|---|---|---|---|---|
| 正解 | ロ | ニ | ハ | イ | ハ |

## 平成29年度　1級　学科試験正解表
### 空気圧装置組立て（空気圧装置組立て作業）

真偽法

| 番号 | 1 | 2 | 3 | 4 | 5 |
|---|---|---|---|---|---|
| 解答 | ○ | ✕ | ✕ | ✕ | ✕ |

| 番号 | 6 | 7 | 8 | 9 | 10 |
|---|---|---|---|---|---|
| 解答 | ✕ | ○ | ✕ | ✕ | ○ |

| 番号 | 11 | 12 | 13 | 14 | 15 |
|---|---|---|---|---|---|
| 解答 | ○ | ✕ | ○ | ○ | ✕ |

| 番号 | 16 | 17 | 18 | 19 | 20 |
|---|---|---|---|---|---|
| 解答 | ✕ | ○ | ✕ | ○ | ○ |

| 番号 | 21 | 22 | 23 | 24 | 25 |
|---|---|---|---|---|---|
| 解答 | ✕ | ○ | ✕ | ○ | ○ |

択一法

| 番号 | 1 | 2 | 3 | 4 | 5 |
|---|---|---|---|---|---|
| 解答 | ロ | ニ | ニ | ニ | ハ |

| 番号 | 6 | 7 | 8 | 9 | 10 |
|---|---|---|---|---|---|
| 解答 | ニ | ロ | ハ | ニ | ロ |

| 番号 | 11 | 12 | 13 | 14 | 15 |
|---|---|---|---|---|---|
| 解答 | ハ | イ | イ | ニ | ハ |

| 番号 | 16 | 17 | 18 | 19 | 20 |
|---|---|---|---|---|---|
| 解答 | ロ | イ | ハ | イ | ロ |

| 番号 | 21 | 22 | 23 | 24 | 25 |
|---|---|---|---|---|---|
| 解答 | ニ | ロ | ロ | ハ | ハ |

平成 29・30・令和元年度

## 1・2級 技能検定　試験問題集　71　空気圧装置組立て

令和 2 年 9 月　初版発行

監　修　中央職業能力開発協会

発　行　一般社団法人 雇用問題研究会

〒103-0002　東京都中央区日本橋馬喰町 1-14-5 日本橋Kビル 2 階
TEL　03-5651-7071（代）　FAX　03-5651-7077
URL　http://www.koyoerc.or.jp

印　刷　株式会社ワイズ

223071

ISBN978-4-87563-670-0 C3000